JN450601

여행 · 항공 · 호텔 · 컨벤션 · 카지노

관광실무용어

이호길 · 이현동 공저

남두도서

남두(南斗) : 남두육성(南斗六星)

은하의 중심인 사수자리에 있는 국자모양의 여섯 개의 별로서, 인간의 탄생을 결정하는 별로 알려져 있다.

1960년대 관광사업진흥법의 제정 · 공포된 후 우리나라의 관광사업은 1970년대에 국가전략 산업으로 지정 · 발전하게 되었다.

1989년 해외여행 전면 자유화 조치와 2002년 월드컵을 계기로 국가간의 교류는 급격하게 증가하고 있으며. 또한 주5일 근무제의 도입으로 인한 내국인의 여가시간의 증가가 향후 관광수요의 급증을 예고하고 있다.

관광업계의 급격한 환경변화에 발맞추어 관광학을 연구하는 학생들의 기초지식의 향상을 위해 관광사업체에서 일상적으로 사용하고 있는 관광실무용어의 숙지가 반드시 필요할 것이다.

관광사업의 종류는 관광진흥법 시행령 제2조의 규정에 의하여 등록한 여행업자, 관광숙박업자, 관광객이용시설업자, 유원시설업자, 국제회의업자와 지정을 받은 관광편의시설업 및 허가를 받은 카지노업자로 구분된다.

이 책은 대학의 교과과정에서 수준 높은 국제관광 및 이론수업을 받지만 가장 기초적인 용어의 정립이 되어 있는 않아 향후 관광사업체에 진출하여 직무수행에 많은 어려움 겪고 있는 학생들을 위하여 저술되었다.

그러므로 저자의 다년간의 관광업체의 근무와 대학 강의를 하면서 사용하였던 용어해설 자료를 기초로 가장 대표적인 관광사업체인 여행사 · 관광호텔 · 국제회의업 · 카지노업체에서 사용되는 실무용어를 최대한 간추려 간단명료하게 해설하였다.

따라서 관광사업과 관련된 여행·항공·호텔·컨벤션·카지노 등의 교과목의 부교재로서 사용하였으면 하는 바람이다. 또한 여행사·항공사·관광호텔·국제회의업·카지노업의 신입사원 교육용 자료가 되었으면 한다.

부족하고 미비한 점은 앞으로 점차 보완해나갈 것을 약속드리며, 어려운 환경에도 불구하고 이 책을 흔쾌히 출판해주신 남두도서의 남승우 사장님과 편집업무 관계자 여러분께 감사의 마음을 전한다.

공저자 씀

제1장 여행 · 항공 용어

제2장 호텔 용어

제3장 컨벤션 용어

제4장 카지노 용어

차 례

부 록

제1장

여행·항공 용어

A Actual Flying Time~Attendant

Actual Flying Time

항공기의 실제 비행시간. Local Time : 현지시간

A/D(Agent Discount)

항공사에서 계약을 체결한 여행사 대리점 할인

Add-On

관문도시(gateway city)와 해당도시간에 설정된 부가운임(add-on)은 해당국가의 통화로 지불된다.

Admission Fee

여행객이 지불하는 여행지의 입장료

Adult Fare

성인운임을 기준으로 12세 이상 여행자에게 적용되는 국제선 항공운임(국내선은 만 13세 이상을 적용)

Advance Payment

여행상품에 대해서 사전에 선불로 여행비를 지불함으로써 특별할인 운임이 적용되는 것을 말한다.

Agency Commission

여행사와 공급업자(항공사 · 호텔 등)간에 판매 대리점 체결 후 판매로 인해 공급업자가 여행사에게 주는 소정의 수수료.

Agent

Travel Agent, Travel Agency 또는 여행업자

Air Cargo

항공기로 화물을 수송하는 항공화물

Air Carrier

항공운송 사업자

Airport Service Charge

국가별로 징수하는 공항이용료

Aisle Side

비행기 내 통로편의 좌석(aisle seat)

- Window Side : 창측의 좌석.
- Forward, Middle, Rear : 앞쪽의 좌석, 중앙좌석, 뒤쪽의 좌석.
- Port Side : 기내에서 보아 왼쪽
- Starboard Side : 기내에서 보아 오른쪽

APIS(Advance Passenger Information System)

출발지 공항 항공사에서 예약, 발권·탑승 수속시 승객에 대한 필요한 정보를 수집, 미국 법무부나 세관당국에 통보하여 입국심사를 단축하기 위한 미국 입국 탑승객에 대한 사전 입국심사제도이다.

Approach

고객을 상대로 "교섭을 시작한다"는 의미이며, 항공사에서는 "항공기가 공항에 착륙할 때의 진입"을 말한다.

Apron

공항에서 여객의 탑승, 화물의 적재 및 정비 등을 하기 위한 격납고 앞의 주기장을 말한다.

ASP(Advance Seating Product)

항공편 예약시 좌석을 미리 배정해주는 사전 좌석배정제도 (F/C Class의 경우 비행기 탑승 24시간 전에 가능하다)

ASTA(American Society of Travel Agents)

미국의 여행업자 협회

ATA(Air Transport Association of America)

미국항공운송협회

ATB(Automated Ticket and Boarding Pass)

여행자가 구입하는 탑승권 겸용 항공권이다.

ATR(Air Ticket Request Agent)

여객대리점 중 담보능력의 부족으로 항공권을 자체적으로 보유하지 못하고 승객으로부터 요청받은 항공권을 해당 항공사의 발권 카운터에서 구입하여 판매하는 여행대리점을 말한다.

ATR(Air Ticket Request Agent)

여객대리점 중 담보능력의 부족으로 항공권을 자체적으로 보유하지 못하고 승객으로부터 요청받은 항공권을 해당 항공사 발권 카운터에서 구입하는 항공권 판매대리점을 말한다.

Attract

여행사에서 여행자를 유치하는 것을 말한다.

Attendant

동반자, 어린이 동반, 장애자 동반 50% DC

AUTH(Authorization)

일반적으로 향공사 측의 승인을 일컫는 말이다. 할인요금의 경우는 할인 조건이 붙게 되며, 항공사 측에서는 할인요금을 적용하기에 해당조건이 적당한지를 심사한 후 여행사에 승인함으로써 할인항공권은 효력을 인정받게 된다.

Average Length Of Stay

여행객의 평균 체재일수를 말한다.

B Back To Back Charter ~ BSP

Back To Back Charter

항공기의 왕복을 연속하여 전세를 내는 것을 말한다.

Baggage

여행자가 여행할 때 소지한 짐

- Checked Baggage : 붙이는 짐.
- Hand Carry Baggage : 여행자가 들고 들어가는 짐

Baggage Claim Tag

여행자가 화물을 부친 후 받는 위탁수하물표

Baggage Declaration Form

여행자가 출입국시 휴대품 신고서 또는 통관수속을 위한 신고서를 말한다.

Baggage Through Check-In

단일 항공편으로 여정이 끝나지 않고 접속항공편을 이용하는 여행자의 경우 수화물을 최종 목적지까지 부치는 것을 말한다.

B&B(Bed and Breakfast)

객실에 Continental Breakfast를 포함하는 호텔요금 체제로 영국과 유럽 등에서 사용되고 있다.

BCA(Baggage Claim Area)

Baggage Claim Tag을 소지하고 목적지에 도착한 승객이 자신의 수하물을 회수하거나 사고 수하물에 대한 클레임(claim)을 제기하는 장소로 수하물 인도장을 말한다.

Block

항공기의 좌석, 호텔의 객실 등을 한꺼번에 예약하여 확보해두는 것을 말한다. 성수기에는 이러한 Block을 확보할 수 있는 능력이 여행사의 영업과 밀접한 관련을 갖게 된다.

Boarding Bridge

비행기의 승객이 승·하기시 터미널과 항공기를 연결하는 탑승교를 말한다.

Boarding Pass

탑승수속시 항공권과 교환하여 여행자에게 주는 탑승표로서 항공편명, 여행자성명, 좌석번호, 목적지, 탑승시간, 탑승게이트 등이 기재되어 있는 탑승권을 말한다.

Booking(Reservation)

항공좌석 예약

BSP(Bank Settlement Plan)

다수의 항공사와 다수의 여행사간에 발행되는 항공권 판매에 관한 제반업무, 즉 항공권 불출, 판매대금 정산, 매표보고 등을 간소화하기 위해 항공사와 여행사 사이에 은행이 관련업무를 대행하는 은행집중 결재방식의 제도를 말한다.

BT(Block Time)

항공기가 비행을 목적으로 공항에서 출발(ramp-out)하여 다음 목적지에 착륙하여 완전히 정지(ramp-in)할 때까지의 구간시간을 말한다.

Budget-mind(ed) Tourist

여행 경비에 신경을 쓰는 여행객으로 돈이 넉넉하지 못한 여행객을 말한다.

Business Traveller

업무상 해외로 나가는 업무여행자·상용여행자를 말한다.

C

Cabin Service ~ CRS

Cabin Service

비행기 내에서의 여객서비스를 담당하는 직원이 하는 각종 서비스(사무장 : Purser, 보조사무장 : Assistant Purser, 승무원 : Steward, Stewardess)

Captain

운항중 필요한 모든 상황을 파악하여 그 항공기의 안전운항은 물론 승객·승무원의 안전을 위한 절대적인 권한과 책임을 가지고 있는 기내의 최고 책임자로서 기장이라고 말한다.

Carrier Open Ticket

여행자가 출발할 때는 대한항공을 이용했으나 돌아올 때는 아시아나항공 등 타 항공사를 이용하여 올 수 있는 항공권을 말한다.

Charter Flight

여행자의 요청에 의해서 대절 및 전세를 내는 항공기를 말한다.

Check-In

탑승수속. 여행자가 공항의 항공회사 카운터에서 항공권·여권·비자 및 위탁수하물에 대한 수속을 하고, 좌석번호를 지정하고 탑승권을 받기까지의 수속과정을 말한다.

Child Fare

유아운임으로 만 2세 이상 만 12세 미만의 여행자에게 적용되는 항공운임(국내선은 만 2세 이상 만 13세 미만)을 말한다.

CIQ(Customs Immigration Quarantine)

해외 출·입국시 승객 및 수화물에 대한 정부기관의 확인·관리 절차로 세관(customs), 법무부(immigration), 검역(quarantine)으로 세관, 출입국관리, 검역을 말한다.

Circle Trip(CT)

출발지와 도착지가 동일지점으로 항로가 중복되지 않고 돌아오는 여행을 말한다.

City Excursion

여행자의 시내국경 또는 시내여행으로 City Sightseeing이라고도 말한다.

Claim Check

수하물을 맡겼을 때의 인수증으로 Check 또는 Claim Tag이라고도 한다.

Class

항공좌석의 등급을 말한다.

Collect Call

수신자부담으로 전화를 거는 방법으로 이 경우 수신자의 요금 지불에 대한 승인이 반드시 필요하다.

Confirm

항공편에 예약되어 있는 여행자에 대하여 그 예약을 사용할 의사의 유무를 확인하는 절차로 No Show를 최대한 방지하기 위한 확인작업을 말한다.

Confirmation

예약의 확인. Reconfirmation : 예약 재확인(항공기 출발 72시간 내)

Connecting Rooms

복도를 거치지 않고 바로 방과 방이 연결되어 있는 호텔의 객실로 주로 가족이 함께 여행시 이용하는 경우가 많다.

Connection Time Interval

여객의 여정에 연결편이 있을 경우 연결지점에서 다음 목적지까지 가기 위한 연결 항공편을 갈아타는 데 필요한 시간을 말한다.

CRS(Computerized Reservation System)

항공사가 사용하는 예약 전산시스템으로 예약뿐만 아니라 각종 여행정보 및 대고객 서비스를 위한 컴퓨터 예약시스템이다.

CXL(Cancel)

항공좌석이나 여행상품의 예약취소를 말한다.

D Damages~Duplicated Booking(DUPE)

Damages

여행중에 여행자에게 또는 여행자로부터 당하는 손해, 즉 손해배상금을 말한다.

Day Use or Day Rate

낮 시간 동안에 객실을 이용하는 고객에게 적용되는 특별 객실요금으로 통상 정상요금의 1/2 수준이다.

Deadline

마감시간 · 최종기한이란 말로 여행의 모집기한이나 운임 등의 지불기한의 최종일을 말한다.

Delay

항공기의 지연을 말한다.

Delivery

여행자를 특정지점에서 목적지까지의 이송이나 여행자에게 항공권 및 기타 서류 등을 배달하는 것에 사용되는 말이다.

DEPO(Deportee)

합법 또는 불법을 막론하고 일단 입국한 후 관계당국에 의해서 강제로 추방되는 승객을 말한다.

Deposit

여행사가 항공사에 좌석의 확보를 위해 미리 예치하는 예치금, 또는 여행약관상 여행상품을 구매하고 계약서를 작성한 후 일정액의 예약금을 받는 것을 말한다.

DEST(Destination)

항공권상에 표시된 여정의 최종 도착지

DFS(Duty Free Shop)

세금이 포함되는 않은 물건을 파는 면세점

Diversion

목적지의 기상불량 등으로 다른 비행장에 착륙하는 것으로 목적시 변셩을 말한다.

Divide One Transaction

단체로 예약된 경우 그 중 한 명 또는 일부를 분리해내는 것. 단체로 여행을 하면서 여행자 중 일부가 친지방문이나 개인적인 일로 돌아오는 일정이 달라 분리해서 예약하는 것을 말한다.

Domestic Tour

여행자의 국내여행을 말한다.

Double Booking

항공좌석이나 여행상품의 중복예약을 말한다.

Down Grade

좌석등급의 변경, 항공사에서 좌석의 상위등급에서 하위등급으로 변경하는 것을 말한다. 좌석의 등급은 Economy Class(E, Y), 이등석 First(F, C) 일등석이 있으며, 업그레이드(up grade)는 하위에서 상위등급으로 변경하는 것을 말한다.

DSR(Daily Sales Report)

항공권 판매에 관한 일일판매 보고서. 항공사대리점(여행사)에서 판매한 항공권에 대한 보고서이다.

Duplicated Booking(DUPE)

이중예약(duplicate reservation). 동일인 · 동일노선 1회 여행에 대하여 두 번 이상 중복 예약하는 것을 말하며, 항공예약시 이중예약이 되면 자동으로 취소가 되므로 주의해야 한다.

E/D Card ~ Extra Flight

E/D(Embarkation / Disembarkation) Card

여행자가 출입국시 자신의 신상과 여행목적 등을 기록한 출입국카드를 말한다.

Economy Class(Y)

항공 및 배의 좌석의 등급으로 2등석을 말한다.

Embargo

항공사가 특정구간에 있어 특정여객 및 화물에 대해 일정기간 동안 운송을 제한 또는 거절하는 경우를 말한다.

Embarkation Tax

외국으로 나갈 때 지불하는 출국세를 말한다.

Emergency Exit

비상구. 교통기관을 이용하는 경우 반드시 비상구를 확인하여 유사시 이용하여야 한다.

ENDS(Endorsement)

항공회사간의 항공권의 권리를 양도하기 위한 이서 또는 배서를 말한다. 즉 항공권에 지정된 항공사가 아닌 타 항공사로 여행을 하게 하는 행위를 의미한다. 항공사 측에서 할인항공권의 경우를 제외한 Over-Booking 등으로 Deny Boarding이 이루어진 경우 타 항공사로 양도를 해주며, 일부 항공사는 Endorse 발생시 손님에게 Penalty Charge를 주기도 한다.

Entrance Fee

여행자가 여행지를 관광할 때 지급하는 입장료를 말한다.

Entry Visa

여행자가 외국에 입국할 때 제시하는 입국비자를 말한다.

ETA(Estimated Time Arrival)

비행기의 도착 예정시간

ETD(Estimated Time Of Departure)

비행기의 출발 예정시간

Excess Baggage

무료수하물 허용량을 초과한 수하물로서 항공운임에 추가 운임을 지불해야 한다.

Excursion Fare

특별 할인요금으로 어느 특정구간에만 적용되는 요금으로 통상요금보다 저렴하게 구입할 수 있으나 여러 가지 제약도 있다.

Expired Ticket

국제항공권의 유효기간은 정상요금의 항공권은 발행일로부터 1년 또는 여행을 개시한 후 1년이다. 즉 항공권마다의 그 유효기간을 말한다.

Extension Visa

여행자의 비자 연장을 말한다.

Extra Flight

비행기의 임시항공편

Extra Section Flight

항공사의 정기편 이외의 부정기편

Fam Tour ~ FOC(Free Of Charge) Ticket

Fam Tour(Family Tour = Familiarization Tour)

관광기관, 관광단체, 항공회사, Whole sale 등이 신규노선, 관광루트, 관광시설, 관광대상 등을 홍보하기 위해 무료 또는 특별 할인요금으로 여행시켜주는 것을 말한다.

Family Name(surname)

성을 말한다.

Fare

항공사 제안에 의해 IATA의 심의를 거쳐 해당 정부의 승인을 거친 후 IATA에서 공시하는 구간운임을 말한다.

FBA(Free Baggage Allowance)

무료수하물 허용량. 일반적으로 F/C의 요금 지불여행자는 30kg, E/Y의 요금지불 여행자는 20kg, 미주 · 캐나다는 2개의 짐을 무료로 운송할 수 있다.

Final Itinerary

모든 여행의 일정으로 예약하고 출발 전에 마지막으로 예약과 여정을 확인한 후의 최종 여행일정을 말한다.

Firming

항공사에서 예약되어 있는 여행자에 대하여 그 예약을 사용할 의사의 유무를 확인하는 절차로 No Show를 최대한 억제하기 위한 작업을 말한다.

First Class(F/C) · Economy Class(E/Y)

1등석 · 2등석

First Boarding Point

여정중에서 가장 먼저 탑승한 지점

First Name(Give Name)

이름을 말한다.

FIT(Foreign Independent Tour)

여행사의 여행상품을 이용시 인솔자가 동행하지 않는 개별 여행자를 말한다.

Flight(FLT) Coupon

항공권의 일부로서 여행자가 탑승하는 구간이 표시되어 있으며, 탑승수속시 공항에서 탑승권과 교환한다.

FOC(Free Of Charge) Ticket

항공사에서 지급되는 무료 항공권

G Galley ~ GV(Group Inclusive)

Galley

항공기 내의 주방(각종 식음료를 보관 · 서비스하는 곳)

GAP

여행자의 여정중 항공 이외의 교통수단을 이용하여 여행하는 부분. 즉 하기지점과 다음 탑승지점이 동일하지 않은 경우이다.

Gate

승객이 비행기를 타기 위한 탑승구

Gate Lounge

Immigration을 통과한 공항 내의 탑승구로 여객 대합실

GIT(Group Inclusive Tour)

그룹 전체 인원이 모든 여정 동안 동일한 일정으로 여행하고, 동일한 비행기로 왕복여행을 하는 것을 전제로 항공사가 특별 할인요금을 제공하는 단체 포괄여행을 말한다.

Go Show Passenger(Stand By)

만석 등으로 인해 예약할 수 없는 여행자가 좌석이 생기면 탑승하려고 공항 탑승수속 카운터에 대기하는 잠재승객
≠ No Show(NS) : 예약은 되었으나 실제 탑승하지 않는 승객을 말한다.

GSA(General Sales Agent)

항공사가 해외의 항공시장에서 지점이나 영업소를 개설하여 판매활동을 적극적으로 전개하기 힘들다고 판단될 때, 다른 항공사나 여행사 등과 같은 기업들로 하여금 해당지역 영업활동을 수행하고 감독하도록 지정한 총판매대리점을 말한다.

G/T(Ground Time)

한 항공에서 어떤 항공기가 Ramp-In해서 Ramp-Out하기까지의 지상 체류시간을 말한다.

GV(Group Inclusive)

단체 포괄여행에서 항공요금을 적용하는 용어이다. 예를 들면 GV4는 4명부터 그룹요금으로 적용한다는 의미이다.

H Hand Carry Baggage ~ Holding Confirmed(HK)

Hand Carry Baggage

기내에 가지고 갈 수 있는 수하물, 귀중품 및 파손에 우려가 있는 것

Have Listed On Waiting(HL)

대기자 명간에 있음. 대기자 명단에 있으므로 기다려보자는 의미.

High Season

여행사나 항공사에서 성수기를 말한다.

HK(Holds Confirmed)

예약이 확약되어 있는 상태를 말한다.

HN(Have Requested)

현재 상태는 모르나 요청한 적이 있음을 나타냄

Holding(HLOG)

현 상태에서 그대로 유지하는 상태

Holding Confirmed(HK)

좌석이 OK된 상태에 있다는 의미

Hospitality

여행자나 손님을 친절하게 접대하는 것을 말한다.

Host

여행사에서 여행의 주최자 또는 주인을 말한다.

IATA ~ Itinerary

IATA(International Air Transport Association)

국제항공운송협회, 항공운송에 있어 국제간 루트, 운임의 결정, 안전규정, 서비스 조건 및 항공권 판매대리점 규제와 지정에 관한 문제에 대한 일관된 시스템을 촉진하기 위한 협회로 1944년 시카고 협약이 항공운수사업의 권익을 보장하지 못하자 1945년 4월 쿠바의 아바나에 설립하였다. 본부는 캐나다의 몬트리올에 있다.

ICAO(International Civil Aviation Organization)

국제민간항공기구. 여행사를 상대로 교육 프로그램을 개발하거나 시행하고, 이에 대한 전문자격증을 주는 것 등을 주목적으로 1964년 설립된 기구이다.

ICT(Inclusive Conducted Tour)

여행인솔자가 모든 여행기간을 동반하여 안내하는 여행상품으로 패키지 여행에 주로 이루어지는 형태이다.

IIT(Inclusive Independent Tour)

여행출발시 안내원이 동행하지 않고 각 관광지에서만 안내원이 나와서 여행안내 서비스를 하는 여행상품으로 Local Guide System이라고도 한다.

Immigration

출입국관리. 여행객의 출입국을 총괄적으로 관리하는 정부기관으로 법무부에 속한다.

Inbound Tour

외국인의 국내관광을 말한다.

Incentive Tour

기업 및 기관에서 근무성과가 우수한 구성원의 근로의욕을 향상시키기 위해 포상의 일환으로 실시하는 여행을 말한다.

Individual Tour

여행사에서 개인여행자를 말한다.

Infant Fare

유아요금으로 IATA에 규정된 만 2세 미만의 좌석을 점유하지 않는 유아에게 적용되는 국제선 항공운임으로 성인요금의 10% 수준이다. 국내선은 무료이다.

Interline Tour

항공사가 가맹 여행사의 직원을 초대하여 실시하는 여행을 말한다.

Inter-line Point

타 항공편으로 갈아타는 지점을 의미한다. Transfer Point라고도 한다.

IT(Inclusive Tour)

미리 수배된 포괄 일주여행으로 항공운임 · 호텔 · 식사비 · 관광비 등이 정해져서 판매되는 패키지 투어를 말한다.

Itinerary

여객의 여행개시부터 종료까지의 갭(gap)을 포함한 전구간, 또는 여행사가 고객에게 제공하는 여행의 전체의 여정을 나타내는 여행일정표이다.

L Land Arrangement ~ Lost & Found Office

Land Arrangement(Ground Arrangement)

여행객들이 외국의 여행목적지에 도착하여 그 나라를 떠날 때까지 Tour Operator나 여행업자에 의해서 이루어지는 모든 수배 및 서비스를 의미한다.

Land Operator

여행의 지상수배를 전문으로 하는 여행업자를 말한다.

LEG

해당 항공편의 운항구간 중 어느 한 지점과 바로 다음 지점 사이의 구간을 말한다.

Local Agent

여행을 가고자 하는 행선지의 여행업자를 말한다.

Local Guide

여행자가 현지에 도착하면 그 지역의 일정에 대해서 안내하는 자를 말한다.

Lost & Found Office

공항에서 승객의 화물 유실물 취급소를 말한다.

Lounge

공항에서 비행기에 탑승하기 전에 대기하는 장소를 말한다.

M MCT ~ Multiple VISA

MCT(Minimum Connecting Time)

여행객이 항공여행 중 Transit 또는 Transfer를 해야 할 경우 해당공항에서 다른 지역으로의 연결편 비행기에 갈아타는데 소요되는 최소한 시간을 의미한다. 공항에 따라 다를 수 있다.

Missed Connection

항공일정에서 출발항공편과 다른 연결항공편으로의 접속이 불가한 상황을 말한다.

Missing

공항에서 수하물의 분실사고를 말한다.

Money Exchange

여행경비 등의 환전을 말한다.

Motion Sickness

비행중 멀미 · 차멀미 · 배멀미 등 탈 것의 멀미를 말한다.

Motor Coach

화장실 시설이 갖추어진, 관광객을 위해 준비된 버스

Morning Call

호텔에 투숙한 고객이 다음날 아침 자신이 정해놓은 시간에 전화로 깨워줄 것을 호텔 측에 요청하는 것을 말한다.

MSP(Minimum Selling Price)

각 항공사는 노선구조, 운항회수, 수요의 동향, 경쟁사의 가격 등 여러 가지 요인을 고려하여 실제 판매활동을 하는 공시운임에서 할인되어 판매되는 시장 판매가를 말한다.

Multiple Airport(Multi-Airport)

한 도시 안에 2개 이상의 복수공항이 있는 것으로 예를 들면 미국 뉴욕의 라가디아 공항과 JF 케네디 공항, 시카고의 오하르 공항과 미드웨이 공항, 파리의 오르리 공항과 드골 공항, 런던의 히드로 공항과 가드윅 공항 등이다.

Multiple Visa

복수용 사증으로 그 나라에 일정기간 동안 회수에 관계없이 입출국할 수 있는 사증을 말한다.

Net Rate ~ No Show

Net Rate(Net Fare)

소매업자(retailer)의 이윤이 포함되어 있지 않은 도매업자(wholesaler)의 가격

No Show

항공권을 구입하고 예약확인도 한 여행객이 예약된 탑승편에 사전통보 없이 탑승하지 않은 것을 의미한다.

Non Endorsable

항공사가 항공권을 발행할 때 항공권에 타 항공사 항공편으로의 변경이 불가하다는 표시이다. 이 경우는 대폭할인된 항공권을 이용할 때 제한조건 중의 하나이다.

NON REF(Non Refundable)

항공권 발권상의 의미로는 환불을 금지 또는 제한하는 표시이다. 이는 주로 할부방식에 의해 항공권을 구매하는 경우나 운임 자체가 어떤 경우로 대폭할인되어 환불을 금지하는 경우이다.

Non Stop Flight

목적지까지 중간 경유지 없이 비행하는 것을 말한다.

Normal Fare

항공사에서 공시된 정상요금으로 유효기간은 1년이다.

NRC(No Record)

항공권상에는 예약이 된 것으로 표시되어 있으나 탑승 지점에서는 그 여행객의 예약기록이 없는 상태를 의미한다.

O OAG ~ Overnight Bag

OAG(Official Airline Guide)

전세계의 국내·국제선 시간표를 중심으로 운임·통화·환산표 등 여행에 필요한 자료가 수록된 간행물로 항공안내서이다.

Obligatory Service

항공사의 잘못으로 인해 항공기가 정상적으로 운항되지 못할 경우 승객에게 필수적으로 제공되어야 하는 의무서비스이다.

Ocean View

유리창을 통해서 전면에 걸쳐 바닷가 전망이 보이는 객실을 말한다.

Off Season

여행사나 항공사에서의 비수기를 말한다.

Off-Line

항공편이 정기적으로 운항되고 있지 않는 노선 또는 도시를 말한다.

On-Line

항공편이 정기적으로 운항하고 있는 노선 또는 도시를 말한다.

Open Ticket

탑승구간만 정해져 있을 뿐 구체적인 탑승일자가 명시되어 있지 않은 항공권으로 승객이 나중에 예약을 하여 좌석을 확보한 후에 탑승할 수 있는 항공권이다. 이는 돌아올 날짜가 예정되지 않을 경우 사용되며, 일반적으로 할인 항공권일 경우에는 해당되지 않는다.

Optional Tour

여행일정에 없었던 일정을 현지에서 고객이 추가비용을 지불하고 참여하는 여행의 연장이나 추가적인 선택관광을 말한다.

Oral Declaration

세관 검사시 서면으로 휴대품 등에 대해서 신고하는 일이 없이 세관직원의 물음에 구두로 답하는 것으로 끝내는 검사제도를 말한다.

Organizer

산업시찰, 문화 및 학술단체 등에서 특별한 목적으로 여행하는 단체조직자를 말한다. 이는 특별히 작성된 여정에 따라 참가하는 단체조직이다.

Orientation

여행출발 전의 단체여행자의 여행준비를 위한 설명회 등 여행업자가 여행자를 위해 여행에 관해 설명하는 것을 말한다.

Outbound Tour(Outcoming Tour)

내국인의 해외여행

Over booking

호텔이나 항공사가 자신의 수용력 이상으로 호텔의 객실, 비행기의 좌석을 예약접수하거나 사전에 판매하는 것을 말한다. 이는 No Show에 대비한 판매율을 높이기 위한 방법으로 사용된다.

Over Collection

부당한 사유에 의해서 부과하는 과징금을 말한다.

Over Land Tour

항공기 또는 선박이 어느 기항지로부터 타 기항지에 항해할 동안 통과상륙의 허가를 얻어 행하는 여행을 말한다. 이는 동일항공기와 유람선에 재승선할 때까지에 한한다.

Overnight Bag

어깨걸이용의 작은 여행용 가방

Package Tour ~ Push Cart

Package Tour

주최여행의 전형적인 형태로 여행경비를 미리 정해 단기간에 가급적 저렴한 경비로 호텔숙박 · 식사 · 관광 · 교통 및 주요 관광지로 구성된 여행을 말한다.

Paid

요금의 지불이 끝난 상태를 말한다.

Passenger Fare

항공사에서 여객 운임을 말한다.

Passport

정부가 자국민에게 해외여행을 위해 그 나라 국민임을 증명하기 위해 발행되는 신분증명서로 여권이라 한다.

- 외교관여권(diplomatic passport)
- 관용여권(official passport)
- 일반여권(ordinary passport) : 복수(multiple passport), 단수(single)
- 임시여권(travel certificate) : 여행증명서

PATA(Pacific Area Travel Association)

태평양 지역의 여행 촉진을 위하여 항공회사 · 교통기관 · 호텔, 관광업자 · 대리점 등에 의하여 설립된 협회로 태평양 지역 관광협회라 칭한다.

PAX/PSGR(Passenger)

여행객의 인원 수를 말할 때 사용된다.

Pension

프랑스나 유럽 등에서 널리 이용되는 저렴한 대중숙박시설로 Guest House의 의미로 이해하면 된다.

Pick Up Service

여행업자가 공항으로 여행자를 마중나가는 것을 말한다.

Principal

여행에 있어서는 주요 상품 소재 공급업자로서 항공사 · 호텔 · 선박회사 · 버스회사 · 관광지를 의미하며, 그 상품의 판매에 대해 일정한 수수료를 지불하는 사람이나 회사를 의미한다.

PNR(Passenger Name Record)

승객의 예약상황 및 진행상황이 기록되는 것으로 일종의 항공예약 상황의 시작부터 종료까지의 기록상황이다.

Porter

짐을 날라주는 인부 · 짐꾼을 말하며, 역이나 공항에서 여행객의 수하물의 운반을 해주는 사람을 말한다.

Post-Convention Tour

회의 후 여행을 말하며 회의 참가자를 위해서 계획되고 조직된 여행이다.

Principal

여행관련업체로서 여행사에서는 이들 업체를 대리하여 판매하는 업을 하는 것이다. 즉 항공회사 · 선박회사 · 철도 · 버스회사 · 호텔 · 식당 · 관광지 등을 말한다.

Promotional Fare

항공사에서 판매촉진을 위한 할인요금을 말한다.

PTA(Prepaid Ticket Advice)

항공요금의 선불제도로서 요금 지불인이 멀리 떨어져 있는 여행자를 위하여 요금을 지불하고 실제로 탑승할 승객이 있는 곳에서 발권을 하여 탑승 여행자에게 항공권을 전해주도록 통지하는 것을 말한다.

Push Cart

공항 등에서 여행자들이 이용하는 손으로 미는 짐차를 말한다.

Quarantine Office ~ Quotation Sheet

Quarantine Office

동·식물을 검사하는 검역소를 말한다.

Quotation Sheet

여행사에서 여행경비의 견적서를 말한다.

RCFM(Reconfirmation) ~ Routing

Ramp In

공항에 도착하여 항공기가 활주로를 벗어나 일정한 계류지점에 정지한 것을 말한다.

Ramp Out

항공기가 공항의 활주로 계류장에 있는 상태에서 출발하기 위해 바퀴가 움직이기 시작하는 상태를 말한다.

Rate

항공사에서 각종의 운임 · 요금 · 운임률 등을 말한다.

RCFM(Reconfirmation)

여행객이 여행 도중 어느 지점에서 72시간 이상 체류할 경우 늦어도 항공기 출발 72시간 전까지 그 다음 연결편에 대한 좌석예약 상황을 재확인해야 한다.

Re-Entry Permit

재입국 허가로 체제하고 있는 외국인이 한번 출국하였다가 다시 입국하는 경우 입국관리사무소에서 이 수속을 해야 한다. 통상적으로 출국에 앞서서 사전에 입국허가를 받고 나갔다가 돌아오는 것을 말한다.

Real Seat

항공기의 뒤쪽의 좌석을 말한다.

Refund(RFND)

항공권 구입자에게 사용하지 않은 항공권에 대하여 전체나 부분의 운임 및 요금을 환불해주는 것을 말한다.

Reissue

항공권의 재발행, 이미 발생된 항공권의 여정 변경, 항공사 변경, 좌석 변경 등의 사유로 차액을 징수 혹은 지불하고 재발권해주는 행위를 말한다.

Rent Service

대여서비스를 하는 임대업자 또는 그 일을 말한다.

Replacement(Lost Replacement)

승객이 항공권을 분실하였을 경우 항공권 관련사항(발행처, 발행일, 출발일자, 편명, 본인의 인적 사항)을 접수 후 항공사 해당점소에서 신고사항을 근거로 발행점소에 확인 후 항공권을 재발행해주는 것을 말한다.

Rerouting

본래의 운송장에 기록된 여정 · 운임 · 항공사 · 기종 · 좌석 등급 · 항공편 · 유효기간 등을 바꾸는 여정변경을 말한다.

Retailer

여행자에게 상품을 직접 판매하는 여행소매업자를 말한다.

Rooming List

단체여행시 호텔에서 숙박할 여행객들의 명단을 사전에 만들어 호텔의 프런트에 제시하면 객실을 배정해주는 객실배정표이다.

Room Service

호텔에 투숙한 고객의 요청에 의해 객실로 식사 · 음료 등을 배달해주는 호텔의 서비스를 말한다.

Routing

주 지점간의 항공사에 의해 인가된 노선상의 비행로를 의미한다.

S Safe Deposit Box ~ Surface

Safe Deposit Box

손님의 귀중품을 넣어 보관하는 안전금고를 말한다.

Schedule

항공사에서는 표 · 시간표 · 여정표 등의 의미로 쓰이며, 여행업계에서는 일정표를 의미한다.

SEG(Segment)

동일한 항공편에서 발생한 여객의 탑승지, 또는 화물의 탑승지로부터 하기까지의 구간을 말한다.

Sending

여행업자가 여행자의 출발을 위해서 공항 등으로 전송가는 것을 말한다.

Service Charge

여행상품을 이용 후 고객이 지불하는 봉사료를 말한다.

SI(Sales Indicator)

항공사에서 판매지료를 말한다. 즉 항공요금 지불과 발권이 어느 지역에서 이루어졌는가를 알 수가 있다.

Side Door

승객의 탑승, 수하물의 탑재를 하기 위한 비행기의 옆쪽의 문을 말한다.

Sightseeing

여행자가 여러 가지 목적으로 구경하는 관광을 말한다.

Simplification

출입국 수속의 간소화 등에 사용된다.

SIT(Special Interest Travel)

단순한 관광, 여행에 그치지 않고 고객의 관심을 끌 만한 특별한 주제를 가지고 기획·운영되는 상품을 말한다.

Sky-Cap

미국의 공항이나 터미널에 있는 포터(porter)를 말한다.

Split Charter Flight

비행기 한 대를 사용자가 전세내는 경우를 말한다.

Stand By

Go Show라고도 하는데 사전에 항공예약 없이 항공사의 출발 체크인 카운터에서 좌석상황에 따라 좌석이 발생했을 때 좌석을 배정받기 위한 대기를 말한다.

Status

좌석예약 상태를 말하는데 항공예약시 좌석예약 상태를 기입하는 난을 말한다.

Step Car

항공기가 탑승교에 접안할 수 없는 경우에 차량을 이용하여 승·하기를 하는 것을 말한다.

Stopover

여행객이 항공사의 사전승인을 얻어 출발지와 도착지의 한 지점에서 24시간 이상 의도적으로 여행을 중지하는 것으로 도중체류를 의미한다.

Sub Ticket

항공사 직원을 위한 할인 티켓을 말한다. 보통 90%의 할인을 받거나 무료이다.

Surface

여정중 항공으로 연결되지 않는 구간을 말한다.

Tag ~ TWOV

Tag

수하물 꼬리표로서 Claim Tag, Baggage Tag 등으로 사용된다.

Tariff

항공여행객 요금이나 화물요율 및 그들의 관계규정을 수록해놓은 요금요율 책자이다.

Taxi Way

항공기가 활주로에서 정비 격납고, 주기장까지 원활하게 이동할 수 있도록 마련된 통로를 말한다.

Technical Landing

항공기의 급유 또는 식료품의 보충을 위해서 공항에 착륙하는 것을 말한다.

Technical Visit

여행 이외의 목적으로 산업시찰 · 학회 등의 목적으로 상대방 업체를 방문하는 것을 말한다.

Through Check In

여행객이 항공 스케줄 상 단일항공편으로 여정이 끝나지 않고 접속항공편을 이용하여 목적지까지 가야 할 경우 공항에서 수하물 수속시에 자신의 수하물을 최종 목적지에서 찾을 수 있도록 수속하는 것으로 일괄수속이라 한다.

Through Guide

국외여행 인솔자 겸 전문 가이드를 말하며, 여행자가 현지에 도착하여 처음부터 여행이 끝날 때까지 전일정을 현지 가이드 없이 단독으로 안내하는 전문안내사이다.

Ticketing Time Limit(TTL)

항공좌석을 예약하고 일정한 기간 동안 항공권을 구입하지 않으면 자동적으로 예약이 취소된다. 이러한 항공권의 구매제한시간을 말한다.

Ticket Stock

여행사가 보유하고 있는 티켓으로 여행사가 법석인 책임을 진다.

Time Difference

국가와 국가 사이 지역과 지역간의 시차를 말한다.

Tour Conductor

단체여행객들과 동행해서 전여정을 책임지고 진행하는 책임자로서 우리나라에서는 국외여행인솔자라고 한다.

Tour Operator

현지의 지상수배업자를 말하며, 현지의 예약과 수배를 하고, 여행일정과 새롭고 정확한 정보를 제공해주는 업자이다.

Tourist Bureau

관광객 안내소 또는 여행업자를 말하기도 한다.

Transfers

최종 목적지까지 가기 위해서 중간 기착지에서 비행기를 갈아타는 것을 말한다.

Transit

여행목적까지 가는 사이에 교통기관이 도중에 들러가는 지점을 말한다.

Traveler's Check

여행자수표

TWOV(Transit Without Visa)

비자 없이 여행객이 특정국가에 단기 체류하는 것으로서 여행객이 규정된 조건하에서 입국비자 없이 입국하여 짧은 기간 동안 체류할 수 있는 경우를 말한다.

U~Y UM(Unaccompanied Minor) ~ Yellow Card

UM(Unaccompanied Minor)

생후 3개월 이상에서 12세 미만의 유아나 어린이가 성인의 동반 없이 혼자서 항공여행을 하는 경우를 의미한다.

Unchecked Baggage

기내에 자신이 가지고 들어가는 수하물을 말한다.

Up Grade

항공좌석의 상급 클래스(class)로 등급변화를 말한다.

Vacancy

객실이나 기내의 화장실 등이 비어 있는 것을 말한다.

Validation

항공권에 찍는 스탬프(stamp)로 발행 항공사명, 여행사명, 발행 연월일 등의 항공권상의 유효 날인을 말한다.

VAT(Value Added Tax)

여행사・항공에서 판매한 상품에 대해서 부과되는 세금으로서 부가가치세를 말한다.

Vegetarian Food

채식주의자에게 제공하는 식사를 말한다. 이는 사전에 반드시 예약을 해야 한다.

VIP(Very Important Person)

특별히 정중하게 취급해야 할 고객이나 인사를 말한다.

VISA

사증이라 하며, 방문국의 정부에서 입국을 허가해주는 입국허가증이다. 소지여권의 사증란에 인증하는 제도이다.

Voucher

재화나 서비스로 교환되는 서류이며, 지불이 이미 완료되었음을 입증하는 것이다.

Waiting List

Waiting은 판매가능 좌석이 모두 예약완료되었을 때 예약취소를 기다렸다가 예약하는 것을 말하며, 좌석을 기다리는 여행자의 목록을 대기자명단이라 한다.

Wagon-Lit

유럽식 침대차를 의미한다. 유럽철도의 침대차로서 침대・베개・담요・세면대가 있다.

Wholesaler

여행도매업자

WTO(World Tourism Organization)

세계관광기구

Yellow Card(Book)

예방접종 증명서

제 2 장

호텔 용어

A La Carte ~ Available Room

A La Carte

고객의 주문에 의해 제공되는 일품요리(아라 카르트)로 'Table D'hote'과 상반되는 요리로서 계절과 조리기술에 따라 변화가 많은 요리이다.

Accommodations

관광객이 숙박할 수 있는 숙박시설을 말한다.

Account

호텔의 지정 거래처를 말하며, 주로 기업체 · 대사관 · 관공서 등이다.

Adjacent Room

호텔 객실위치가 복도의 끝에 위치한 방을 말한다.

Adjoining Room

같은 방향으로 복도에 나란히 연결되는 있는 객실을 말하며, 인접객실(side by side room)이라 한다.

After Departure

고객이 퇴숙한 후 프런트 회계로 전달된 전표계산에서 이연계정으로 처리한다는 의미로서 Late Charge(이연계정)와 동일한 의미이다.

Air Shooter

각 영업장과 프런트 캐셔(front cashier) 사이의 업무연락 수단으로 사용되는 회계전표 자동수송기(pneumatic tube)로 고객이 서명한 계산서를 원통에 넣으면 공기압축에 의해 신속하게 전달되는 장치를 말한다.

Airport Hotel

공항 근처에 위치하고 있는 호텔을 말한다.

Airport Representative

공항담당 호텔종사원을 말하며, 호텔고객의 영접 및 배웅 등 고객의 편리를 도모하는 호텔직원이다.

Amenity

호텔의 부가서비스로서 고객에게 무료로 제공하는 각종 소모품과 같이 "부가적인 서비스의 제공"을 의미한다.

American Plan

객실요금에 아침·점심·저녁의 식사가 포함되는 것으로 Full Pension이라고도 한다.

American Service

주방에서 음식을 접시 또는 트레이에 담아 서브하는 형태의 서비스를 말한다.

Apron

앞치마로 고객이 레스토랑에서 식사할 때 사용한다.

Arrival Report

숙박예정자 명단으로 예약된 고객 중 당일 숙박예정자의 명단을 프런트 데스크에서 고객을 맞이하는 준비단계에 필요한 보고서이다.

Available Basis Only

선착순 판매(blank reservation)의 의미로 호텔의 특별한 단체나 개인에게 주어지는 객실로 예약 없이 사용 가능한 것이다.

Available Room

호텔이 판매 가능한 객실 수를 말한다.

B Baby Sitter~Butler

Baby Sitter

호텔을 이용하는 고객들의 자녀를 돌보아주는 사람을 말한다.

Back Office

후원부서(back of the house)라고도 하며, 이는 호텔고객과 직접 접촉하지 않는 부서로서 고객서비스 영업담당 부서를 후원·관리하는 부서이다.

Back to Back

여행사에 의해서 호텔단체객의 도착과 출발이 계속적으로 일어나 항상 판매된 상태를 말한다.

Baggage Down

수하물 운송서비스(baggage collection)로 고객이 퇴숙시 숙박객의 요청에 의해 벨맨이나 포터가 수하물을 현관으로 운반하는 서비스를 말한다.

Baggage Stand
수하물 받침대(baggage rack)로 호텔객실 안에 있는 가구로서 트렁크(trunk) 등 비교적 큰 수하물을 두는 받침대를 말한다.

Balance Sheet
대차대조표(B/S)로 일정시점에서 기업의 자산과 부채와 자본의 상태를 명확하게 하기 위해 작성하는 일람표로 기업의 재무상태를 표시한다.

Ballroom
대연회장

Banquet
호텔 또는 식음료를 판매하는 시설을 갖춘 구별된 장소로 단체고객에게 모임장소를 제공하고, 식음료 및 기타 부수적인 판매를 하는 연회를 의미한다.

Bath-Tub
욕조 · 목욕탕

Bed and Board
숙박요금에 3식이 포함되어 있는 American Plan의 별칭이다.

B&B(Bed and Breakfast)
숙박에 아침식사를 제공하는 형태의 운영방식으로 그 지역의 전통음식을 제공하고, 가정적인 분위기를 창출하는 숙박형태이다.

Bed Pad

메트리스(mattress)를 보호하기 위하여 까는 누비요

Bed Spread(침대덮개 : Bed Cover)

주간이나 새로이 판매하는 객실의 침대에 미관상·위생상 덮는 것으로 담요와 베개까지 전부 덮는다. 품위 있어 보이는 색상이나 천으로 만들어지며, 가장자리를 늘어뜨려 아늑한 분위기를 만든다. Turn Down Service시에 Bed Spread는 잘 접어서 옷장에 넣어둔다.

Bell Captain's Log(Call Book)

벨맨의 활동과 업무일지를 기록한 보고서

Bell Man

호텔의 유니폼 서비스(uniformed service) 부서에 근무하는 종사원으로서 호텔 프런트에서부터 고객과 동반하여 고객의 객실까지 수행하는 중요한 직무를 맡는 종업원이다.

Bell Stand

프런트 데스크(front desk)로부터 가깝게 잘 보이는 곳의 로비(lobby)에 위치한 벨맨의 데스크이다.

BGM(Background Music)

생산능률의 향상이나 권태방지용으로 작업장 따위에 틀어 놓는 배경음악

Bidet

위생용 국부 세척기를 비데(bidet)라고 하는데, 유럽지역의 호텔의 욕실에 많이 설치되고 있으며, 우리나라는 고급호텔 특실에 설치되어 있는 곳이 많다.

Bill

호텔의 객실·식음료, 기타 부대시설에서 쓰이고 있는 고객의 영수증

Billboard Advertising

공항로 주변이나 고속도로 주변에 있는 대형 광고판, 표지(signs), 광고 게시판

Bin

주류 저장소에 술병을 넣어놓는 장소, 혹은 컵을 끼워놓는 컵 보드(cup board)를 뜻한다. 얼음을 담는 그릇일 때는 Ice Bin이라고 한다.

Black List(불량거래자 명단 : Cancellation Bulletin)

거래 중지자 명단으로 불량카드의 정보자료이다. 통제되는 원인으로는 도난이나 분실 또는 연체 등으로서 카드회사에서 작성하여 각 가맹점에 배부한다.

Block(객실지정)

호텔의 객실을 어느 정도 묶어서 예약하는 일을 블록 예약이라고 한다. 이와 관련된 객실 지정예약으로 고객의 예약

을 받을 때 룸랙의 포켓에 지정예약 표시를 하여 룸 클럭에게 이를 식별하게 한다.

Boarding House

일반적으로 하숙집 · 기숙사라 칭한다. 여행자를 대상으로 하는 숙박시설을 의미하는 말로 쓰여질 경우에는 호텔보다 시설이나 서비스의 내용이 간소한 것을 뜻하며, 그런 점에서는 'Inn'에 가깝다. Inn과의 차이는 보딩 하우스의 경우 장기체재객인 어감이 들어 있다.

Boiled Eggs

계란을 껍질 채 삶은 것으로, 일반적으로 몇 분 삶을까를 고객에게 주문받는다.

Booth

일정 계약기간 동안 소유자가 전시 참가자에게 할애한 특정지역

Botel

보트(boat)를 이용하여 여행하는 관광객이 주로 이용하는 숙박시설로서 보트를 정박시킬 수 있는 규모가 작은 부두나 해변 등지에 위치한 호텔

Breakage

포괄요금(package)에 포함된 식사 또는 기타 서비스를 고객이 이용하지 않아 호텔 측에 발생되는 소득이며, Breakage Profit라 부르기도 한다.

Breakfast

아침식사로 제공되는 모든 요리를 말한다.

- American Breakfast : 계란요리가 곁들여진 아침식사로서 계절과일(season fruit), 주스류(juice), 시리얼(cereal), 계란요리(eggs), 음료(beverage), 케이크류(cake), 빵 종류(bread & rolls), 그밖에 계란요리가 제공될 때에는 햄·베이컨 혹은 소시지 등이 곁들여 제공된다.
- Continental Breakfast : 계란요리를 곁들이지 않은 아침식사. 빵 종류, 주스, 커피나 홍차
- Vienna Breakfast : 비엔나식 조식은 계란요리와 롤빵, 그리고 커피 정도로 먹는 식사를 말한다.
- English Breakfast : 미국식 조식과 같으나 생선요리가 포함되는 아침식사

Brunch(조반 겸 점심)

미국식당에서 많이 사용되고 있는 것으로 아침과 점심의 병용 식사로 Breakfast의 Br과 Lunch의 Unch로 만들어진 새로운 말이다. 이것은 12 : 00 점심시간 전까지 식사를 제공하는 것을 말한다.

Budget(예산)

호텔 경영상의 한 기간 동안(1년)에 수입과 비용을 설정하는 것으로 예산계획 수립과정에서의 주요 요소는 ① 재무적 목표, ② 수입예상, ③ 지출예상, ④ 예상순수익의 결정이 있다.

Budget Hotel

경제적 사정으로 저렴한 호텔을 이용하는 계층은 비교적 실속을 차리고 실용적인 생활태도를 가지고 있는 사람들로서 숙박은 저렴한 호텔에서 하고, 식사와 관광은 알차고 고급스럽게 하는 계층을 겨냥해 개발한 것이다.

Buffet(뷔페)

일정한 요금을 지불하고 기호에 따라 이미 준비된 음식을 먹을 수 있는 셀프서비스(self-service) 식사이다. 그러나 음료와 술은 별도 계산을 하도록 되어 있다. 뷔페는 두 가지로 구분되는데, 일정하게 예약된 인원(연회, 각종 행사)을 위하여 준비된 요리를 제공하는 Closed Buffet와 불특정다수의 고객(일반 뷔페식당)을 대상으로 준비되는 Open Buffet가 있다.

Bus Boy

식당에서 웨이터를 돕는 접객보조원으로 식사 전후에 식탁 정돈 및 청소를 주업무로 하는 식당 종업원을 말한다.

Business Center

호텔의 상용고객을 위한 부서로서 '사무실을 떠난 사무실(office away from office)' 개념을 도입하여 가정과 사무실의 복합적인 기능을 고려하여 비즈니스 고객을 위한 비서 업무, 팩스(fax), 텔렉스(telex), 회의준비(meeting), 타이핑(typing) 등을 서비스하는 부서이다.

Business Plan(영업계획)

호텔기업의 회계년도 말에 익년도 영업활동에 대한 방향을 설정하고, 호텔영업에 대한 전반적인 영업지침을 말한다.

Butler(조주사)

일반적으로 주류관리자의 용어로서 이용되고 있으나 오늘날 호텔경영에서는 귀빈층(executive floor) 고객에게 밀접하게 접근하여 일상적인 서비스를 해주는 업무의 일종으로서 자리를 잡고 있으며, 하우스키핑 부서에 속하기도 한다.

C Cabana ~ Cross Training

Cabana

보통 호텔의 주된 건물로부터 분리되어 수영장이나 해수욕장 내에 위치한 호텔의 객실을 말하며, 침대가 있기도 하고 없기도 하며, 그와 같은 목적이나 특별행사를 위해 사용되는 임시구조물도 이에 포함된다.

Cabaret

음악이 있고 춤을 출 수 있는 시설을 갖춘 서양식의 고급술집

Cafe Espresso

이탈리안 커피로 '크림 카페'라고도 한다. 이탈리아에서는 식후에 즐겨 마시는데, 피자 따위의 지방이 많은 요리를 먹은 후에 적합한 커피이다.

Call Accounting System(전자교환 시스템)

전화회계 시스템은 단독(stand-alone) 시스템으로 운영되거나 호텔 HIS와 연결된다. 일반적으로 CAS는 장거리 직통전화를

처리할 수 있고, 최소 비용 송달 네트워크(least-cost routing network)를 통해 전화를 걸 수 있으며, 통화량에 가격을 삽입하도록 한다. CAS가 HIS 프런트부서의 고객회계 모듈에 연결되어 있을 때 전화요금은 즉각적으로 해당고객 폴리오에 분개된다.

Canape

빵을 잘게 여러 가지 모양으로 만들어 그 위에 각종 가공된 음식물을 얹어서 한입에 먹을 수 있게 만든 요리, 즉 식욕촉진제이다.

Cancellation

고객이 사용하기로 예약한 호텔객실에 대하여 고객의 요구에 의하여 사전 예약된 것이 취소되는 것을 말한다.

Cancellation Charge(취소요금)

고객이 호텔예약의 일방적인 취소에 따른 예약취소 요금을 말한다.

Cart Service(Weagon, Trolley, Gueridon)

주방에서 고객이 요구하는 종류의 음식과 그 재료를 카트(cart)에 싣고 고객의 테이블에서 직접 조리를 하여 제공하는 서비스 형태이다.

Carving(카빙)

주방에서 조리된 요리를 고객의 테이블 앞으로 운반하여 서비스 카트에 준비해둔 Rechaud 위에 요리가 식지 않도록 올려놓고, 고객이 주문한 요리를 쉽게 먹을 수 있도록 생선의 뼈·껍질 등을 제거하거나 덩어리 또는 통째로 익힌 고기를 같은 크기로 잘라 서브하는 것을 말한다.

Cash Bar

현금지불 고객의 술값을 받기 위해 연회장 내에 임시로 설치하는 바

Cash Drawer(금전등록기 : Cash Register)

프런트 데스크(front desk)에서 현금거래와 수지를 조정하는 데 사용되는 기계나 주화·지폐 등을 종류별로 넣는 서랍을 말한다.

Cash on Delivery System(Self Service System)

좌석회전이 빠르고 메뉴가 단순한 카페테리아(cafeteria)에서 운영되며, 고객이 회계원(cashier)에게 메뉴항목을 주문하면서 요금을 선납한다. 회계원은 메뉴항목을 식당회계기에 등록한다. 프린터(printer)기에서 주문서와 영수증을 출력시켜 고객에게 전달하고, 고객은 주문서를 주방 또는 바(bar) 카운터에 제시하고, 음식을 제공받아 고객이 직접 운반하는 방식이다.

Cash Out

호텔 캐셔(hotel cashier)가 수행하는 이 절차는 근무 종료시 당일의 업무를 마감하여 금액 확인 및 결산을 보고하고, 직무를 마치는 것을 말한다.

Cashier's Drop

영업 회계원(식음료, 기타 부대시설 회계원)이 직무 마감시 프런트 데스크(front desk)에 위치한 예치금 장소이다.

Cashier's Report(출납보고서)

교대 종료시 각 영업장 현금수납원에 의해서 작성되는 입금액 명세서로 현금 입금봉투에 이를 미리 인쇄하여 사용함으로써 내용을 편리하고 정확하게 파악할 수 있게 되므로 이를 Cashier′s Envelop라고도 한다.

Cashier's Well(Tub Bucket. Pit)

계산이 정산되지 않은 고객의 폴리오(guest folios) 파일철

Catering(케이터링)

식사호텔업과 레스토랑업을 함께 취급하는 것으로 Hotel and Catering Industry라고도 한다. 지불 능력이 있는 고객에게 조리되어 있는 음식을 제공하는 것을 뜻한다.

Cellar Man

호텔의 저장실 관리인, 바(bar)의 주류창고 관리자.

Center Piece(식탁의 중앙장식물)

식탁(table)의 분위기를 좀더 돋보이게 하기 위해서 은(silver)로 된 공예품이나 조각품의 접시, 꽃꽂이(수반꽃이나 병꽃), 꽃다발, 촛대(candle stick), Napkin Holder 또는 Menu Holder, 각종 소스병, Ice Pieces 등을 들 수 있다.

Chain Hotel(체인호텔)

복수의 숙박시설이 하나의 그룹으로 형성하여 운영될 때 그 것을 체인시설이라 부르며, 일반적으로 3개 이상일 때 체인이라고 하고 있다. 세계 체인호텔의 발달은 1907년 뉴욕 시의 리츠칼튼(Ritz-Carton) 호텔에서 리츠라는 이름을 사용하는 프랜차이즈 계약을 효시로 시작되었다.

Check Room

호텔에서 고객의 내용물을 보관해주는 장소이다.

Check-In(입숙)

호텔 프런트(hotel front)로 예약된 손님이 정해진 날짜에 도착함으로써 룸 클럭(room clerk)은 그 업무가 진행된다. 고객이 도착하면 정중히 인사를 하고 고객의 인적 사항을 요구하는 등록카드를 접수한 후 그 고객을 정해진 객실로 친절히 안내하기까지의 모든 행위를 체크인이라 한다.

Check-Out(퇴숙)

고객과의 마지막 접촉은 퇴숙이다. 퇴숙은 고객이 객실을 비우고 객실 열쇠(key)를 반환하고, 고객의 계산을 마치고 호텔을 떠나는 것을 말한다.

Check-Out Hour(퇴숙시간 : Check-Out Time)

고객이 객실을 비워야 하거나 하루의 추가요금이 부과되는 시간의 한계점으로 일반적으로는 정오를 기준으로 삼고 있다. 그러나 최근 호텔의 특별층(executive floor) 고객들에게는 퇴숙시간이 오후 2~3시까지 연장되고 있는 것을 볼 수 있다.

Chef(주방장 : Chef de Cuisine)

식당의 주방장(kitchen chief)을 일컫는다.

Chef de Partie(조리장)

직속상관은 주방장(sous chef)이며, 그의 주된 임무는 자기 주방요원들의 근무 스케줄을 작성하고, 기술적인 면에서 소속 조리사들을 교육 훈련시켜 요리를 제대로 조리할 수 있도록 하여야 한다. 영업 전에 최종적으로 준비 점검을 실시하고, 종료 후 마지막 점검도 한다.

CIP(Commercialy Important Person)

CIP는 상업적인 거래상 중요한 영향력이나 역할을 하는 귀빈을 말한다.

City Hotel(도시호텔)

휴양지(resort) 호텔과는 대조적으로 도시 중심지에 위치한 호텔이다. 이 호텔은 비즈니스(business)와 쇼핑 등이 원활히 이루어지는 도시의 중심가에 위치하고 있어 주로 사업가나 상용・공용, 또는 도시를 방문하는 관광객들에게 많이 이용되고 있으며, 또한 도시민의 사교의 장으로 공공장소로 사용되고 있다.

City Ledger(미수금 원장)

호텔의 외상매출장으로 특히 비투숙객에 대한 신용판매로부터 발생된 수취원장으로 후불장이라고도 한다.

Cloak Room(휴내품 보관소)

투숙객 이외의 방문객이나 식사고객 등의 휴대품을 맡아두는 장소를 말한다.

Closed Dates(만실 날짜 : Full Date, Full House)

객실이 모두 만실이어서 판매가 불가능한 일자를 말한다.

Closet(옷장 : Wardrobe)

벽에 부착된 옷장(가구 옷장)

Cocktail

칵테일이란 일반적으로 알코올성 음료에다 과즙류 혹은 비알코올성 음료 및 각종 향을 혼합하여 만드는 음료이다. 칵테일은 종류별로 처방서(recipe)에 정해져 있는 재료를 일정한 분량으로 혼합하여 그 지시된 처방대로 조주하여야 한다. 조주시 그 재료의 분량이 너무 많거나 적으면 자신이 만들고자 하는 칵테일과는 상이한 음료가 되어버린다. 따라서 분량을 정확히 계량하는 것은 칵테일을 조주하는 데 있어서 극히 중요한 작업이라 하겠다.

Cold Call

Sales Call의 하나로서 영업적인 특별한 관계없이 지정거래처(hotel account)를 방문하는 것을 말한다.

Collect Call(수신자부담 전화)

요금을 수신자가 부담하는 통화제도로 국제전화시에 적용

되는 것으로서 상대가 지불할 것을 인정하여야 한다.

Commercial Hotel(상용호텔 : Business Hotel)

사업상의 목적을 가진 투숙객을 대상으로 하는 비즈니스 호텔(business hotel)이다. 상용호텔은 그 특성상 주로 도심지 및 상업지역에 위치한다.

Commercial Rate(상용요금)

할인요금(discount rate)의 일종으로 특정한 기업체나 사업을 목적으로 하는 비즈니스 고객에게 일정한 율을 할인해주는 것이다. 이 제도는 미국의 도시호텔에서 많이 채택되고 있으며, 우리 한국에서도 대규모 호텔의 건립과 다각경영의 일환으로 이 요금 할인제도를 실시하고 있다.

Commissary Kitchen

호텔의 각 식당(업장)의 조리장이 필요한 식재료를 구입 또는 주문하는 주방으로 식재료를 세척하고, 가공 처리 및 각 주방에 공급 준비를 하는 것이다.

Complimentary(무료 : Comp)

호텔에서 특별히 접대해야 될 고객이나 호텔의 판매촉진을 목적으로 초청한 고객에 대하여 요금을 징수하지 않는 것을 말한다. 객실요금만 무료인 경우는 Comp. on Room이라 하고, 객실과 식사대가 무료인 경우는 Comp. Room & Meal, 모든 것이 무료인 경우는 Comp.라고 표시한다.

Concierge

콘시어즈는 여성 · 남성 도어 키퍼(door keeper)이다. 유럽풍 호텔에서 그들은 벨 서비스 담당이고, 호텔에 관한 정보나 호텔 밖의 나이트클럽 · 레스토랑에 관한 정보, 극장표, 여행에 필요한 교통편, 안내 등의 포괄적 서비스를 제공 · 처리한다. 이는 또한 서비스 감독자와 같은 뜻으로 고객 우편물 처리와 안내원, 도어맨, 그리고 여행사와 손님의 관계에 관한 모든 업무를 총괄 처리한다.

Condominium(콘도미니엄 : Time-Share Hotel Condo)

공공건물에 개별적으로 소유권을 행사하면서 저당설정과 양도가 가능하며, 그 시설관리의 서비스는 별도의 독립된 회사에 의해 행해지는 숙박형태이다.

Confirmation Slip(예약확인서)

호텔객실을 예약한 고객에게 예약에 이상 없음을 알려주는 확인서로서 투숙자 명, 도착일, 출발일, 객실종류 등 필요한 사항을 기입하여 고객에게 예약사항을 확인하게 하는 것

Connecting Room(Side by Side Room)

인접해 있는 객실로서 Connecting Door(연결도어)가 있는 객실을 말한다. 이 도어를 열어서 2실 또는 그 이상을 연결하여 사용한다.

Consumer Satisfaction Management(고객만족 경영 : CSM)

고객중심적 사고를 바탕으로 모든 경영활동을 전개해나가

는 새로운 경영 조류이다. 즉 고객만족 경영은 시장점유율 확대나 원가절감이라는 종전의 경영목표에서 벗어나 고객만족을 궁극적 경영목표로 삼음으로써 시장변화에 흔들리지 않는 안정적인 수익기반을 장기적 및 지속적으로 확보해 나가려는 경영방식이다.

Continental Plan(대륙식 요금제도 : CP)

컨티넨탈 플랜은 유럽에서 일반적으로 사용되는 제도로서 객실요금에 아침식대만 포함되어 있는 요금지불 방식이다. 경영자 측에서는 별로 비싸지 않는 Continental Breakfast를 식료에 포함시킴으로써 고객에게 큰 부담을 주지 않고 매상을 증진시킬 수 있고, 고객은 별로 부담을 느끼지 않고 아침식사를 할 수 있다는 느낌을 받을 수 있다.

Conventional Hotel(회의전용 호텔)

각종 대 소규모의 회의를 유치하기 위해 지어진 일반호텔보다 규모가 큰 호텔이다. 따라서 회의 참가를 위해 투숙하는 고객들을 수용할 수 있는 충분한 객실이 확보되어 있어야 하고, 객실 크기도 대형화되어야 하며, 이들의 회의를 위한 큰 규모의 회의장 및 연회장 등의 시설과 영상과 영화를 감상할 수 있는 시설·전시장 등이 필요하다.

Corporate Guarantee

상용여행자의 No Show를 줄이기 위해 호텔과 그 보증인이 이에 관해 재정 책임 여하를 계약상으로 협조·동의한 예약보증의 형태

Corporate Rate(상용고객 객실요금)

상용고객 확보를 위하여 기업체 및 단체 등을 대상으로 한 계약 객실요금으로서 예상고객의 현황에 따라서 객실 차등 요금이 적용된다.

Corsage

결혼식·회갑·생일 등 파티 때 주빈 앞가슴에 다는 꽃

Credit Manager(여신관리자)

호텔의 후불 담당 책임자

Cross Sell(교차판매)

판매촉진의 일환으로 고객에게 서비스를 제공하는 종업원이 자신이 판매하고 있는 상품뿐만이 아니라 호텔 내의 타 상품 혹은 제3의 호텔상품을 판매하는 활동을 말한다. 특히 체인호텔에서는 Cross Sell 활동을 활성화하기 위하여 체인에 가입되어 있는 호텔들의 상품을 판매할 수 있도록 정기적인 교환방문 및 서비스 교육을 실시한다.

Cross-Training(교차교육)

하나의 직무 이상을 충족시키기 위한 종업원의 교육훈련

D-Briefing ~ Duty Manager

D-Briefing

Morning Briefing(어떤 임무를 수행하기 전의 사전보고 회의)의 반대개념으로서 임무 수행을 마친 다음 갖는 사후보고 회의이다.

Daily Pick-up Guest(당일예약 : Today's Reservation)

당일 예약을 원하는 고객은 예약실에서 처리하는 것이 아니라 일반적으로 호텔 프런트(front)에서 당일의 객실 상황을 파악하여 판매 가능한 객실이다.

Daily Report(일일보고서)

부문별 수익과 비용을 그 당일에 기록하여 당일 경영이익을 계산할 수 있게 만든 회계보고서를 말한다.

Daily Special Menu(당일의 특별메뉴 : Daily Menu. Carte de Jour)

주방에서 제공하는 그날의 특별메뉴는 원칙적으로 그날그날 시장에서 특별한 재료를 구매하여 요리장의 아이디어와 기술을 발휘하여 일품요리의 메뉴에 없는 상품을 조리, 고객에게 새로운 별미로 식욕을 돋구게 하는 차림표를 말한다.

Database Marketing(데이터 베이스 마케팅)

과거의 정보를 면밀히 분석한 후 시장의 현황을 정확히 파악하여 그 결과에 따른 마케팅 활동으로 호텔수익의 공헌도에 따라 마케팅 비용을 적절히 배분하고, 불특정다수가 아닌 실질적으로 호텔수익과 관련이 있는 시장을 대상으로 집중적인 마케팅 활동을 펼친다.

Day Shift(주간근무)

호텔종업원의 근무시간으로서 보통 07：00~15：00까지를 말한다.

Day Use Charge(분할요금 : Part Day Use. Day Rate)

호텔에서 객실점유율을 높이기 위하여 고객이 주간에 이용한 요금을 할인하여 받는 요금방법이다. 분할요금은 같은 날 도착과 출발하는 고객에게적용된다. 일반적으로 오전 10시에서 오후 5시 사이의 요금이다. 객실요금은 보통 30~50% 정도 할인하여 부과한다.

DDD(장거리전화 : Direct Distance Dialing)

직접 다이얼 통화로 시의 구역 밖의 근접지역에 대한 전화

Demi-Pension(Modified American Plan. Half Pension)

숙박요금 제도의 하나로 미국에서는 객실료에 완전한 아침식사 제공과 저녁식사를 합한 것이다. 유럽에서는 객실료와 컨티넨탈 조식과 중식이나 또는 석식 중 고객에게 선택하도록 하는 방식이다.

Demi Tasse(작은 찻잔)

주로 식후에 제공되는 1/2 용량의 커피잔

Density Board(객실예약 현황판 : Density Chart. Tally Sheet)

객실별 예약밀도 도표. 예약객실 수를 객실 유형별로, 즉 싱글(single), 투윈(twin), 퀸(queen) 등으로 나누어 구별하기 쉽게 통제하는 도표를 말한다.

Departure List(출발고객 명부)

당일에 체크아웃(check-out : 퇴숙)할 고객과 룸(room)에 대한 정보를 나타내는 보고서이다.

Deposit

객실의 예약금

Did Not Arrive(예약 후 취소 : DNA)

호텔에 예약을 했던 고객이 나타나지 않을 경우와 전화로 취소하는 경우이다. DNA는 노쇼(no show) 경우와 취소(cancellation) 경우의 복합적 의미를 가지고 있다.

Did Not Stay(미숙박 : DNS)

고객이 등록을 필하였으나 호텔에 체류하지 않거나 조기 출숙을 의미한다.

Direct Mail(DM)

고객의 판촉 담당직원이 고객유치를 위해서 호텔의 인센티

브(incentives)를 살린 다양한 형식의 우편물을 고객의 가정이나 거래처 회사, 여행사, 각 종 사회단체 등에 발송하는 것을 말한다.

Direct Passage Cost

구매와 검수를 거친 후 저장고를 거치지 않은 채 조리장에 직접 반입된 재료

Discount Group Rate(단체할인요금)

여행 알선업자와 계약을 체결하여 단체고객을 유치하기 위한 할인제도

DNCO(Did Not Check Out)

고객의 계산을 결산하도록 만들어놓았는데, 프런트데스크(frontdesk)에 통보 없이 떠나버린 고객을 말한다. 그러나 Skipper는 아니다.

DNP(부착금지 : Do Not Post)

행사표(event sheet)에서 흔히 찾아볼 수 있는 것으로 게시판에 부착하지 말아달라는 의미이다.

DNS(숙박하지 않음 : Do Not Stay)

숙박등록을 한 후 어떠한 사유에 의해 숙박을 하지 않는 경우, 그 등록카드에 DNS(Do Not Stay), 즉 '숙박하지 않음'이란 스탬프(stamp)를 찍어 취소할 수 있다.

Do Not Disturb(방해금지 : DND)

호텔의 객실에 종업원의 출입을 금지한다는 표시로서 손님이 문에 걸어 두는 표지가 있는데 이 표지에 쓰는 문구이다. 이 'Do Not Disturb' 카드 뒷면에는 'Make-Up' 카드로서 객실 정비원(room maid)이 청소를 하기 바란다는 표시의 문구가 되어 있다.

Door Stopper

문이 벽과 부딪히는 것을 방지하기 위한 장치를 말한다.

Double-Double(Twin Double. Family Room)

2개의 더블베드를 가지고 있는 침실과 또는 2명부터 4명까지 수용할 수 객실

Double-Locked Door

호텔에 투숙하는 고객 중 귀중품과 비밀물건을 많이 소지하고 숙박할 경우 절대 안전을 위해서 이를 이중으로 잠기는 특별 장치의 문이 달린 객실을 제공하는데 이 문을 Double-Locked Door라고 한다.

Double Occupancy

객실에 두 명이 투숙하는 것을 말한다. 판매된 객실 수에 두 배로 투숙하는 비율이다. 이를 통하여 식음료·세탁, 기타 부대시설 등에 관한 예상을 할 수가 있고, 호텔의 평균 객실 요금을 분석하는 데 좋은 정보가 될 수 있다.

Double Room

2인용 베드(double bed)를 설비한 객실로 객실의 넓이는 16 ㎡ 이상이며, 침대의 규격은 138㎝×195㎝ 이상이다.

Down Town Hotel(도심지 호텔)

도시의 비즈니스 센터와 쇼핑센터 등의 중심가에 존재하는 호텔이다.

Drive-In

Drive-In은 '차에 탄 채로'의 뜻인데 레스토랑(restaurant)의 넓은 정원에 자동차를 타고 들어가면 인터폰이 붙은 기둥이 널려져 있는데 차창에서 손을 내밀어 마이크를 들고 요리를 주문하여 운반된 것을 차내에서 먹는다.

Dual Plan(혼합식 제도)

듀얼 플랜은 혼합식 요금제도로 고객의 요구에 따라 아메리칸 플랜(american plan)이나 유러피안 플랜(european plan)을 선택할 수 있는 형식으로 두 가지 형태를 다 도입한 방식이다.

Due Back(Exchang. Due Bank. Difference Returnable)

호텔 캐셔의 근무중 고객으로부터 받은 수령금액이 결산시에 순이익보다 현금이 초과한 경우이다. 이러한 경우에는 차이가 나는 현금 가액을 프런트 캐셔(front cashier)에게 넘기어 정리한다.

Due Out

호텔 측에서 고객이 예약기간 동안만 체제하고 퇴숙(check-out)할 것이라고 예측한 객실을 말한다.

Dump

호텔고객이 지정된 예약날짜나 시간보다 미리 퇴숙(check-out) 절차를 받는 것을 말한다.

Duplex

2층으로 된 스위트 룸(suite room)의 하나로 응접실이 아래층에 있고, 침실은 상층에 있는 객실

Duty Manager(당직지배인)

호텔현관 입구에 위치해 있으며, 고객의 불평불만 처리와 비상사태 및 총지배인 부재시 직무대리 등 일반적으로 밤시간대부터 그 다음날 오전까지 근무를 한다.

E Early Arrival ~ Extra Bed

Early Arrival(조기 도착자)

예약한 일자보다 일찍 호텔에 도착하는 고객을 말한다.

Early Arrival Occupancy(조기 도착 점유)

고객이 예약한 일자보다 조기 도착으로 Check-Out(퇴숙) 시간 전에 입실이 가능하도록 객실을 확보하는 것을 말한다.

Early Check-Out(조기 출발)

호텔이 정한 Check-Out Time(정오 12 : 00)보다 일찍, 새벽이나 식사 전에 출발하는 경우를 말한다.

EATS(종합상품을 파는 식당 : Entertainment Atmosphere Taste Sanitation)

Entertainment(접대 : 인적 서비스), Atmosphere(분위기 : 물적 서비스), Taste(맛 : 요리), Sanitation(위생 : 청결)을 뜻하는 약어로서 식당은 단순히 먹는 장소만의 의미가 아니라 서비스와 분위기, 음식의 맛 등이 하나로 조화된 총체적 가치, 즉 토털(total) 상품을 판매하는 장소라는 뜻이다.

Electronic Locking System(전자식 자물쇠 시스템 : ELS)

컴퓨터화된 객실 잠금 장치이다.

Employee Folios(직원용 거래계정)

호텔 내에서 업무와 연결하며, 직원이 고객관리 또는 판촉을 위하여 사용하는 경우에 일상적인 외상 구매권을 제공하여 사용하고, 이때 발생되는 거래는 비고객 계정과 같은 방식으로 처리된다. 일상적으로 직원의 매장이용을 파악하여 할인가와 투입원가를 계산하고 비용과 재정활동을 통제하여 개인적인 지출과 회사로부터 허가된 업무용 이용사항을 분리할 때 사용된다.

Engineering Department(시설관리부)

호텔건물과 시설의 보수 및 유지를 위한 기술적 업무를 수행하는 부문을 호텔에서 시설관리부라고 부른다.

Entertainment(엔터테인먼트)

호텔서비스에 있어 환대·접대·즐거움·오락·여흥 등의 의미를 갖는 서비스 개념인데 이러한 서비스는 연회상품에서는 전반적이고 종합적인 서비스가 요구된다.

Entree(Main Dish)

정식에서 주요리를 말하는 것으로 일반적으로 요리는 소·송아지·양·돼 지·가금류(닭·칠면조·오리·비둘기)·엽수류(노루·사슴·산토끼)·엽조류(꿩·메추리) 등이 있다.

European Plan

객실료와 식사대를 분리하여 각각 별도로 계산하는 방식으로 이는 손님에게 식사를 강요하지 않고 손님의 의사에 따라 식사비는 별도로 지불한다. 이는 상용호텔 등에 주로 적용되는 방식으로 우리나라 호텔에서 일반적으로 적용하는 요금제도이다.

Exchange Rate(환율)

외국환의 거래는 자국통화 대 타국통화의 매매시 교환비율을 말하며, 자국통화는 국내에서의 구매력을 대내가치라고 하면 외국에 있어서의 구매력은 외화와 교환되므로 환율은 자국통화의 대외가치를 나타낸다.

Exchange Transactions(교환거래)

교환거래는 자산·부채·자본의 증감 변동은 발생하나 비용은 발생하지 않는 거래이다. 따라서 교환거래는 당기순이익에 영향을 미치지 않는 거래이다.

Executive Floor(귀빈층 : Executive Club)

EFL은 '호텔 내의 호텔' '귀빈층'이라 불리고 있으며, 잦은 해외출장, 바쁜 스케줄, 복잡한 업무에 시달리는 현대 비즈니스맨들을 위해 보다 신속하고 정확하며 차별화된 서비스와 안락함과 편안함을 제공하는 호텔 내의 특별층으로 콘시어즈(concierge)가 상주하면서 항공, 타 호텔 예약, 비서업무, 통역, 클럽 라운지 운영, 익스프레스 체크인(express check-in) 및 체크아웃(check-out), 회의 등 세심한 애미니티(amenity)를 제공하는 층

Express Check-In / Out

프런트데스크(frontdesk)에서 대기해야 할 번거로움을 없애기 위해서 전산 처리하는 방법으로 고객의 입숙과 퇴숙을 신속하게 하기 위한 서비스이다.

Extension

투숙객의 숙박 연장, 체재 연장 또는 호텔 내의 전화

Extra Bed(추가침대)

객실에 정원 이상의 고객을 숙박시킬 때 임시로 설치하는 침대로 보통 접는식의 이동하기 편리한 Roll a Way Bed를 말한다. 일반적으로 추가침대 제공시 추가요금과 Service Charge, VAT가 부과되며, Family Plan으로 투숙하는 고객에게는 무료로 제공되는 경우도 있다.

F Family Hotel ~ Fund

Family Hotel(가족호텔)

1986년 제정 · 공포된 관광진흥법 및 1987년 7월 1일 대통령에 의해 신설된 호텔 개념이다. 저렴한 가격의 가족단위 숙박형태로 공동 취사장이나 가족 단위의 개별취사 시설을 갖추고 옥내 운동시설과 옥외 운동시설을 갖춘 숙박형태이다.

Family Plan

패밀리 플랜이란 부모와 같이 동행한 14세 미만의 어린이에게 엑스트라 베드(extra bed)를 넣어주되, Extra Bed Charge는 적용하지 않는 요금제도이다.

Farm Out

고객을 더 받을 수 없어 예약된 고객을 빈 객실이 있는 다른 호텔로 보내는 경우이다. 이러한 것은 고객이 예약을 하였다 하더라도 객실을 판매할 수 없을 경우에만 적용된다.

Filet(Fillet)

육류나 생선의 뼈나 지방질을 추려낸 상태

Financial Statement(재무제표)

일정시점에서 기업의 자산·부채 및 자본상태를 나타내는 대차대조표와 일정기간 동안의 기업의 수익·비용 및 손익 등의 경영성과를 보여주는 손익계산서 등을 말한다.

Finger Bowl(식후에 손가락 씻는 그릇)

포크 따위를 사용하지 않고 과일을 손으로 직접 먹을 경우 손가락을 씻을 수 있도록 물을 담아 식탁 왼쪽에 놓는 작은 그릇

First Class Hotel(일등급호텔)

일류호텔. 호텔의 등급(classification)을 매기고 있는 나라에서는 시설기준을 정하고 있으며, 일반적으로는 다시 그 상급으로서 Delux Class의 호텔이 있다.

First In First Out(선입선출법 : FIFO)

소비된 재고자산의 단가 결정에 있어 먼저 구매되어 들어온 것이 먼저 소비된다는 가정하에서 매입순으로 단가를 적용시키므로 매입순법이라고도 하는데 반대로 기말 재고액은 시가에 가까운 것을 나타내게 되어 합리성을 가진 방식이다.

FIT(외국인 개인 여행자 : Foreign Indendent Tour)

개인으로 움직이는 여행 및 여행자로서 원래는 "개인 또는 소수인으로 탑승원이 함께 앉는 여행"에 대한 호칭이었지만 현재로는 외국인 개인여행객을 말한다.

Fitness Center(피트니스 센터)

호텔의 부대시설로서 고객의 심신과 체력을 증진할 수 있는 여가공간으로서 사우나(sauna), Aerobi Studio, 헬스클럽, 수영장, 스낵바 등의 시설을 갖춘 장소이다.

Flat Rate(균일요금)

균일요금으로 단체고객이 호텔에 숙박하는 경우 요금이 다른 객실을 사용하더라도 그것을 균일화한 특별요금을 말한다.

Floatel

이는 여객선이나 페리호, 그리고 유람선과 같은 해상을 운행하는 배에 있는 플로팅(floating) 호텔을 일컫는다. 우리나라에서는 1982년 신설된 관광숙박업으로 비교적 낡은 선박을 이용한 숙박형태로서 객실기준은 50실 이상이며, 비상발전설비와 해양오염 방지를 위한 오수저장 및 처리시설, 폐기물 처리시설을 갖추어야 한다.

Floor Station

객실의 정비나 장비를 위한 장소의 개념으로 가구류·집기류 등이 설비되어 있고, 또한 린넨 등을 수납한 창고 및 냉장고 설비가 되어 있는 장소이다.

Folio Well(원장 보관함 : Guest Folios Holder. Folios Box)

원장 랙이나 버켓으로 불리기도 하며, 고객원장을 유지하도록 설계된 파일로서 고객의 이름은 알파벳 순서로 정렬되어 있으며, 보통은 객실번호별로 색인되어 있기도 하다.

Food Cover

고객에게 제공되는 음식서비스 단위

Footman

오직 대규모 호텔에서나 볼 수 있는 직종으로 호텔에 도착 및 출발하는 고객에게 좋은 인상을 주기 위해 마련된 서비스의 발전된 형태이다. 보통 도어맨(doorman)이나 벨맨(bell man)이 이 직무를 수행하게 되고, 객실지정, 키(key), 우편물 취급, 고객의 불화 해소, 안내, 모든 요금의 계산, 체크아웃 처리, 주임이나 현관 지배인 객실과장의 지시·감독을 받는다.

Forecast(예상예측)

호텔에서 과거의 영업실적을 분석하여 현 시점에서 미래에 대한 수요 예측, 호텔상품의 판매 등 영업 예측을 말한다. 영업 예측은 월별·분기별· 연별로 구분하기도 하며, 단기·중기·장기예측으로 구분하기도 한다.

Fragile Tag(깨질 물품 표식)

고객이 물품보관소(store room)에 수화물을 보관할 경우 주류 등 깨어지고 부서지기 쉬운 물품의 취급에 주의를 요하는 표식이다.

Frequent Guest(단골고객)

자사호텔을 2회 이상 이용한 고객으로 호텔에서는 마케팅 비용을 절감하고, 구전을 통한 마케팅으로서 호텔의 상표충성도를 높이기 위하여 단골고객 확보에 주력하고 있다.

French Service

좋은 음식을 원하거나 시간적 여유가 있는 사람들이 즐기는 전형적인 우아한 서비스로서 고객 앞에서 서비스하는 종업원은 숙련되고 세련된 솜씨로 간단한 음식을 직접 만들어주기도 하고, 주방에서 만들어진 음식이라도 은쟁반(silver platter)에 담아 보여준 뒤 바퀴가 달려 이동 가능한 게리동(gueridon)에서 보온이 된 접시에 1인분씩 담아서 제공한다.

Front-of-the House(영업부문)

호텔의 영업부문으로서 고객이 정상적인 체재기간 동안 직접 대면하고 접하는 프런트데스크 서비스와 식음료 서비스가 이 영역에 포함된다. 즉 영업부문을 살펴보면, 호텔 건물외부, 로비(lobby), 프런트데스크, 객실, 하우스키핑(housekeeping), 기능 공간(식당 · 연회장 · 회의시설 등), 레크리에이션 시설이다. 즉 호텔의 수익부문(revenue center)에 속한다.

Front Office

현관은 호텔이 고객을 최초로 만나는 지점(point of guest contact)인 동시에 최후로 고객을 환송하는 장소로서 호텔하면 현관을 연상할 만큼 현관은 호텔의 얼굴이 되는 곳이다. 또 호텔의 현관은 고객의 입숙(check-in)과 퇴숙(check-out)을 담당하는 곳으로 고객의 불평불만을 접수하고 해결해야 되는 곳이기도 하다.

Front Office Cashier

프런트오피스 캐셔는 투숙객이 프런트에 등록하면 동시에

업무가 발생하게 되는데 주로 투숙객의 객실료·식음료, 그리고 기타 시설 이용에 따르는 모든 계산을 통합·관리·징수하는 곳이다.

Full House(만실 : No Vacancy)

모든 객실이 다 판매되어 100%의 판매점유율을 나타낸다는 의미이다.

Fund(환전자금)

환전자금을 말하며, 이것은 경리부로부터 제너럴 캐셔(general cashier)가 차용하여 각각의 회계원이 영업을 할 수 있도록 가불형식으로 차입하여, 환전 마감시 외환과 잔금을 합하여 차입액과 같이 제너널 캐셔에게 입금시킨다.

General Cashier～Guide Rate

General Cashier(회계)

제너널 캐셔(general cashier)는 1일 영업중에서 발생하는 현금결제 계정을 총괄·수합하고, 그 현품을 은행에 입금하여 영업장 영업에서 소요되는 현금 기금의 가지급금 및 회수와 관리 등의 일을 맡는다.

General Manager(총지배인 : GM)

최고경영진에서 결정한 기본정책 수행의 책임자를 말하며, 객실 지배인과 식당 지배인을 지휘·감독하며, 기타 부분을 총괄한다.

Giveaway

판매촉진을 위한 경품이라든가 무료제공품을 말한다. 예를 들어 호텔에서의 마케팅부서나 여행업자가 패키지 상품으로 호텔 이용객에게 제공하는 호텔가방·모자·컵·타월 등을 말한다.

Go Show

호텔의 빈 객실(vacant room)이 없을 경우 체크인(check-in) 예정고객 중 예약취소나 노쇼(no show)로 빈 객실을 구하려고 기다리는 고객

Government Rate

정부관직 공무원들에게 적용된 객실 할인율

Grand Total

호텔에서 발생하는 단가에 봉사료(service charge)를 합하면 공급가액이라고 하고, 공급가액에 부가가치세(VAT)를 합하면 판매가액이 되는데 이 총합계를 말한다.

Gross Operating Profit(영업이익 : GOP)

영업으로 발생된 순이익으로서 감가상각, 이자, 법인세 이전의 이익을 말한다.

Group Rate(단체요금)

호텔 객실요금의 하나로서 단체고객을 위한 객실요금이다. 일반적으로 단체요금은 9~15실을 기준으로 한다.

Guaranteed Rate(계약요금)

호텔과 일반기업간의 계약으로 매년마다 기업에 의해 사용하는 객실 점유율을 고려하여 점유기간과 관계없이 정찰가격에 대한 보증금이다.

Guaranteed Reservation(지급보증예약 : Guaranteed Payment)

호텔이 고객의 객실예약을 보증·확인한 것으로 만약 투숙할 고객이 도착하지 못할 경우라도 객실요금을 지불할 것을 약속받는 객실예약을 말한다. 만약 투숙하지 못하거나 취소할 경우는 호텔의 규약에 따른다.

Gueridon(게리동)

게리동은 고급식당에서 최고급 서비스를 제공하는 데 아주 중요한 필수기물로 바퀴가 달려서 전후좌우로 쉽게 이동할 수 있게 만들어졌다. 게리동은 고객의 식사주문에 의하여 동작되므로 식탁 사이의 공간이 충분하나 종사원의 부주의로 식탁이나 의자에 부딪치거나 닿아서는 안 된다.

Guest Check(고객용 청구서)

식당(restaurant) 및 주장의 고객에게 청구하는 전표로 바우처(voucher)라고 부르기도 한다. 접객원의 주문전표(waiter order slip)를 Guest Check로 병행하는 경우도 있다.

Guest Elevator(고객전용 엘리베이터)

프런트 엘리베이터라고 하며, 고객을 동반, 객실을 왕래하는 벨맨을 제외한 일반 종사원의 출입이 금지된 고객전용 엘리베이터이다.

Guest History Card(고객이력 카드, 고객관리 카드)

고객의 방문기록 카드로 지정된 객실료, 특별한 요구사항 및 신용능력 평가를 기록하여 보다 나은 대고객 서비스를 위해 보관한다.

Guest Ledger(고객원장 : Room Ledger. Transient Ledger)

호텔회계에 있어 미수금원장(city ledger)과 구분되는 것으로 등록된 고객에 대한 원장

Guest Night(고객 일일숙박)

고객이 한 호텔이나 모텔, 기타 숙박업소에 당일 숙박을 한 후 익일 당 숙박업소 규정에서 정한 일정 숙박기준에 의하여 체크아웃(check-out)된 고객을 말한다.

Guest Relation Officer(고객상담 : GRO)

GRO는 일반적으로 외국인 고객들의 편의를 제공하기 위하여 고객상담 및 안내를 맡은 직종을 말한다.

Guide Rate(가이드 요금)

여행단체를 받아들이는 호텔 측과 여행 알선업자 사이에 적용되는 특별 요금제도

h

H Hanger Rod ~ House Use Room

Hanger Rod

옷걸이대

Happy Hour

호텔 식음료업장에서(라운지, 칵테일 바 또는 펍) 하루 중 고객이 붐비지 않은 시간대(보통 4시에서 6시 사이)를 이용하여 저렴한 가격으로, 또는 무료로 음료 및 스넥 등을 제공하는 호텔서비스 판매촉진 상품의 하나이다.

Hermitage(산장)

내륙 관광지에서 산을 배경으로 남향방향으로 있으며, 주로 휴양객 · 등산객, 그리고 스키어 등을 주이용객으로 하는 소규모 숙박시설을 말한다.

High Balance Report(미수최고 잔액 보고서)

투숙객에게 허용된 신용판매액의 한도액을 초과한 모든 상황을 종합한 보고서이다.

High Season(Peak Season, Tourist Rush Season)

관광객이 가장 많이 방문하는 계절

Highway Hotel

고속도로변에 세워진 호텔을 말한다. 자동차로 여행하는 사람을 위한 시설로 모텔과 유사한 호텔이라고 말할 수 있다.

Hold Laundry(세탁요금의 보류)

세탁을 의뢰한 고객이 갑자기 귀국한다든지, 타 호텔로 옮긴다든지 하여 보관하였다가 차후에 돌려받을 때가 있다. 이 경우 보류계정으로 처리되는 것을 말한다.

Hold Room Charge

고객이 항공기 지연이나 개인의 업무상 사정으로 호텔 도착이 늦어질 때 객실을 예약하고 호텔에 도착하지 않았을 때 그 객실을 타인에게 판매하지 않고 보류시킨 경우로서 당초의 예약대로 요금을 징수하게 된다.

Hollywood Bed

일반적인 호텔의 침대로서 풋 보드(foot board)만 없고 메트리스를 프레임(frame) 속에 끼워넣지 않고 프레임(frame)과 같은 넓이로 만들어 위에 올려놓게 된 침대이다. 이것은 걸터앉기가 편리하고, 그 높이를 조정하여 소파대용으로 쓰기도 편리할 뿐더러 두 개를 이어놓으면 더블베드가 될 수도 있다.

Hollywood Length

보통 여분이 긴 베드로서 240cm~250cm의 길이로 특별한 고객을 위한 침대

Hollow Ware

서비스용 각종 Cooper, Sauce, Boat 등의 기물류(속이 깊은 그릇)

Home Visit System

민박

Hormitage(산장)

별장과 유사하고 심산유곡이나 내륙관광지에 위치한 소규모 숙박시설이다. 이용자는 주로 등산객, 스키어(skier), 휴양객이다.

Hors D'oeuvre(전채 : Appetizer)

오르 되브르는 식사 전에 제공되는 식욕촉진의 역할을 하는 모든 요리를 총칭한다.

Hospitality Industry(환대산업)

관광산업 또는 호텔산업의 동의어 개념으로 사용되고 있으나 실직적인 환대산업은 서비스 산업에 있어서 숙박산업(lodging industry), 관광산업(travel industry), 식음산업(food industry), 레스토랑 산업(restaurant industry)을 말한다.

Hospitality Room

총지배인이나 객실담당 지배인의 허락하에 단체의 수하물을 임시 보관한다든지 일반고객이 의상을 잠시 동안 갈아입는 등의 목적으로 제공되는 객실이며, 객실요금은 징수하지 않는다.

Hospitality Suite(환대실)

호텔(hotel), 모텔(motel)에서 일반적으로 숙박목적이 아닌 오락 및 연회(convention / meeting) 목적으로 사용되는 객실을 말한다.

Hostal

스페인이나 포르투갈에서 흔히 볼 수 있는 저렴한 서민용 숙박시설이다. 특히 스페인에는 파라도르(parador)라는 고전적 시골풍의 숙박시설을 국가에서 지정보호 육성하고 있다.

Hostel

도보 여행자나 자동차 여행자용의 값이 싼 숙박시설로 청소년·클럽회원, 또는 여행자와 같은 특정한 이용자의 단체를 위해 가끔 운영된다.

Hotel Package

종종 호텔에서 교통편의와 객실 및 기타 부대시설의 사용을 포함한 일괄적인 서비스를 말한다.

Hotelier(호텔인 : Hotelkeeper)

호텔 경영자, 또는 호텔 지배인 · 관리인 · 소유주를 총칭한다.

House Call(회사직원의 업무용 전화)

호텔 종사원이 업무용으로 외부에 전화하는 것으로 개인에게 요금이 부과되지 않는다.

House Count(House Earning)

등록된 고객의 인원 수

House Doctor(Hotel Doctor)

호텔과 특약되어 있는 담당의사로 급한 환자가 발생하였을 때 이 의사를 부른다.

House Keeper

호텔 하우스키핑의 책임자로서 객실 청소 및 정비 책임자이며, 프런트 기술 부문과 연결하여 객실의 관리 유지를 맡는다.

House Keeping(객실정비)

하우스키핑이란 일반적으로 가사 · 가정 · 가계를 뜻하는 말인데 호텔의 '하우스키핑(housekeeping)'이란 객실의 관리 및 객실부문에서 제공되는 서비스의 모든 것을 가리킨다. 일반적으로 객실정비의 업무를 보면 객실청소와 객실의 설비 · 가구 · 비품류의 정비, 그리고 객실용의 린넨류 · 소모품류의 관리를 말한다.

House Man

하우스키핑에서 근무하는 종사원으로 힘든 청소업무나 물건을 옮기는 작업을 수행한다.

House Phone(내선전화)

호텔 로비(hotel lobby)에 놓여 있는 구내 전용전화를 말한다.

House Profit(House Income)

호텔의 순이익. 소득세를 공제한 영업부문의 순이익. 점포 임대 수입은 제외되나 세금 · 임대료 · 지급이자 · 보험 및 감가상각비는 공제된다.

House Use Room(House Room)

호텔임원의 숙소로 사용되거나 사무실이 부족하여 객실을 사무실로 사용하는 경우, 침구류를 저장하는 Linen Room이나 객실비품을 저장하는 Store Room 등을 말한다.

I Ice Carving~Invoice

Ice Carving(얼음조각)

얼음을 재료로 하여 작가의 상상력과 창의력, 그리고 독특한 테크닉에 의해 완성되는 작품으로 다양한 모양으로 연출된 투명한 얼음작품에 총천연색의 조명이 비추어지고, 서서히 녹아내리는 물방울과 어우러지게 되면 사람들로 하여금 신선감과 황홀감을 맛볼 수 있게 해준다.

Ice Tong(얼음 집개)

얼음을 집기 위한 기구로서 끝부분이 톱니처럼 만들어져 있다.

ID(Identity Card)

개인 신분증

IMAC(통합마케팅 : Integrated Marketing and Communication)

호텔기업의 마케팅 전략에 있어서 전사적으로 통일된 마케팅 개념을 가지고 호텔 전부서의 통합된 판매전략이다.

IMF(국제통화기금 : International Monetary Fund)

1944년에 설치된 국제금융결제기관으로 1946년에 업무를 개시하였다. 외국환의 안정을 도모하는 것을 목적으로 하고 있으며, 가맹국은 107개국, 본부는 워싱턴에 있다.

Imprest Petty Cash(소액현금 전도금)

특별히 소액현금을 조정하는 기술로서 소액환은 최소한의 현금 지불을 위해 사용되고, 정기적으로 상환하는 것을 말한다.

Incidental Bill(개인 계산용 빌)

단체로 호텔에 투숙한 경우 단체식사 및 객실료 등의 요금을 제외한 개인적으로 제공받은 서비스로 인하여 발생된 계산서를 말한다.

Inclusive Term(포괄된 가격)

이 단어는 유럽에서 사용되는 용어로서 아메리칸 플랜(american plan)을 표시하기 위한 문구이다. 즉, 가격에 세금(tax)과 봉사료(service charge)가 포함되어 있음을 암시한다.

Income Audit(수입감사)

수입감사 업무는 전일 발생한 각 영업장 부문별의 당일 매상보고서 및 감사보고서를 근거로 하여 호텔의 수입금이 회계처리 규정에 의하여 현금관리 및 매상집계가 타당하게 처리되었는지를 확인하고 오류·탈루가 없는지를 감사하는 것이다.

Income Statement(손익계산서 : I/S)

손익계산서는 일정기간 동안의 기업의 경영성과를 나타내주는 회계보고서이다.

Independent Hotel(단독경영 호텔 : Independent Operation)

단독경영의 호텔이란 개인이 호텔 하나만을 운영하는 경우와 그룹사의 경우 호텔업에 투자하여 관리인으로 하여금 단독경영을 하게 하는 경우가 있다.

Information Clerk(안내계)

여행 · 관광자원 · 명소 · 도시 등에 관해 소상하고도 정확한 정보 및 공항 열차 등의 교통수단에 관한 정확한 지식을 갖고 고객의 질의 요청에 대해 즉시 응답해주는 일을 전담하는 직종이다.

Inn

초기적 현상의 숙박시설, 간결하고 소박한 숙박시설, 비교적 작은 호텔을 말해왔지만 최근 미국에서 '인(inn)'의 명칭을 사용하는 호텔이 상당히 많이 설립되어 호텔과 다름없이 훌륭한 것이 많다.

Inside Call(호텔 내부의 구내전화)

전화교환을 통한 호텔 내 전화 사용

Inside Room(내향객실)

안뜰로 향하고 있는 객실을 말하며, Outside Room의 반대개념이다.

Internal Sales(내부판매)

호텔에서 판촉을 위하여 많은 다른 요소로 이용되고 있으며, 회사 전체 또는 종사원들이 호텔상품의 판매를 촉구하는 활동이다.

Inventory

재고조사, 재고품 조사, 재고품 명세서

Invoice(송장. 송품장 : Food Invoice)

거래품목의 명세 표시와 청구의 기능을 갖는다. 이것에는 거래 당사자, 목적물, 거래가액, 부가가치세액, 거래일자, 주문서의 일련번호 등을 표시한다.

Job Description~Jockey Service

Job Description(직무명세서)

직무명세서는 각 직책에 있는 사람이 수행하여야 할 의무나 책임을 세부적으로 나열한 것을 말한다. 이것은 각 조직원에 대한 업무지시서일 뿐 아니라 교육의 보조자료로도 사용될 수 있다.

Jockey Service(대리운전 서비스 : Valet Parking. Parking Boy)

호텔의 현관서비스의 일종으로 호텔고객의 차가 도착하면 직원이 직접 운전하여 전용 주차장에 주차해주는 서비스이다. 또한 고객의 신속한 호텔 출입을 위한 주차대행 서비스이다.

K Key ~ Kiosk

Key(열쇠 : Room Key. Hotel Key)

열쇠의 종류를 살펴보면 다음과 같다.

- Guest Key : 숙박객에 주어지는 열쇠이다.
- Pass Key(Submaster Key) : 각 층별로 주어지는 것으로서 해당되는 층의 모든 객실은 어느 것이든 열 수 있도록 되어 있는 비상용인데 룸 메이드가 객실청소 때에 사용하기도 한다.
- Master Key : 숙박객이 열쇠를 분실하였거나 객실 내부에 이상이 발생되었을 경우에 어느 객실이나 쉽게 열 수 있는, 글자 그대로 만능열쇠이다.
- Grand Master Key : 보통 호텔의 전체를 열 수 있는 열쇠로서 최고경영자인 총지배인이 소지한다.
- House Emergency Keyz : 모든 객실을 열 수 있는 만능열쇠로 극단적인 상황에서 필요한 것으로서 고객이 위험시나 극한 상황에서 사용한다.

Key Rack

각 객실의 열쇠를 넣어두는 상자

King

약 120~240cm 크기의 특별히 길고 넓은 침대가 비치되어 있는 객실을 말한다.

Kiosk(Kiosque)

원래의 뜻으로는 역전 광장이나 지하철 등의 신문 판매대, 간이 판매대, 광고판 개념으로 쓰이나 현대 호텔에서는 고객들을 위한 안내정보로서 이용되고 있다.

Lanai ~ Lost and Found

Lanai(Veranda)

하와이언(Hawaiian) 개념으로는 발코니나 스페인식 주택의 '앞뜰의 정원(Patio)', 테라스가 있어 강이나 바닷가를 조망할 수 있는, 주로 리조트 호텔(resort hotel)에서 볼 수 있는 객실 형태이다.

Last

가장 최근에 프런트 임무를 완료한 벨맨(bell man)을 칭한다.

Last In First Out Method(후입선출법 : LIFO)

후입선출법은 매입역법이라고도 하며, 선입선출법(FIFO)과 반대로 최근에 매입한 것부터 소비해가는 것으로 보고 계산하는 방법이다.

Late Arrival(연착고객)

늦게 도착하는 고객. 예약을 한 고객이 예약 유보시간을 지나서 호텔에 도착하는 것으로 이때 미리 호텔에 통보하여야 하며, 그렇지 않은 경우에는 자동적으로 예약이 취소되는 경우가 많다.

Late Charge(LC, After Departure, AD)

손님이 체크아웃(check-out), 즉 퇴숙 후에 늦게 프런트 회계(front cashier)에 들어오는 전표에 의한 이연계정을 말한다.

Late Check-Out

호텔의 퇴숙시간이 지나면 추가요금을 지불해야 하지만 만약 프런트데스크(frontdesk)의 허가로 퇴숙시간이 지나서 출발하는 고객으로 이 경우에는 추가요금이 부과되지 않는다.

Laundry(세탁)

호텔 투숙중인 고객의 세탁물, 직원 유니폼 세탁, 외부 수주 세탁물 등의 모든 세탁업무를 말한다.

Laundry Bag

세탁물을 담는 비닐주머니

Laundry Slip

세탁신청서

Leaflet(Flyer)

포스터의 내용을 담은 16절지 크기 정도의 인쇄물이다.

Lease Accounting(임대회계)

계약된 금액을 정기적으로 지불하는 것을 대가로 타인이 갖고 있는 자산의 용권을 임차인(lessee)이 획득하는, 즉 임대인(lessor)과 임차인 사이의 계약을 말한다.

Limit Switch

객실 안 옷장문에 설치되어 있으면서 문이 열리면 전등이 켜지고, 문이 닫으면 전등이 꺼지는 장치이다.

Limited Service

제한된 서비스만 공여하는 호텔 또는 모텔로 객실을 제외한 다른 서비스는 제공되지 않는다.

Linen

린넨이란 의미는 마직류를 말하는데 호텔에서 린넨이란 면류나 화학직류로 만들어진 타월 · 냅킨 · 시트 · 담요 · 유니폼 · 커튼 · 도일리(doily) 등을 일컬어 말하고 있다.

Linen Room

하우스키핑을 지원하기 위하여 린넨을 보관하는 장소를 말한다.

Linen Shooter

객실 각 층에 설비되어 린넨류를 구내 세탁장까지 운반할 수 있도록 되어 있는 장치

Liqueur

영 · 미에서는 보통 코르디알(cordials)라고도 부르는 이 리큐르는 라틴어의 리큐파세르(liquefacere : 녹는다)에서 그 어원이 유래되었다고 한다. 리큐르는 과일이나 곡류를 발효 증류하여 만든 주정을 기주(base liquor)로 하고, 대개 정제한

설탕이나 꿀을 사용하여 단맛을 낸다. 거기에다 약초(herbs), 과일, 식물 껍질(peels), 씨, 뿌리(roots) 등을 첨가하여 향미와 색깔을 갖게 한 건강을 강조한 혼성주이다. 그러므로 대개 스트레이트하여 식후주(after drink)로 널리 애음되고 있으며, 또한 색깔이나 높은 향미 때문에 칵테일이나 펀치류 조주시에 향을 내거나 맛을 가미하기 위하여 자주 사용된다.

Local Call

시내통화

Lock Out

호텔고객이 객실에 키를 남긴 상태에서 문이 잠긴 상황을 말한다.

Lock Set

문을 잠그는 자물쇠 장치

Lodge(Logis)

로지는 펜션과 별로 차이는 없으나 명칭이 풍기듯 독특하고 아름다운 이미지를 갖는 고전적인 프랑스의 시골 숙박시설이다. 이 숙박시설의 특징은 맛좋은 요리와 꽃과 아름다운 원시적인 장식으로 순박한 맛을 풍기는 데 있다. 규모는 객실 35~50실 정도이다.

Log(인수인계 대장 : Log Book)

업무일지로 몇몇 영업부문에서 사용하는 업무활동 기록대

장이다. 근무중에 일어난 분쟁, 손님의 의뢰사항, 기타 근무중에 완료하지 못한 업무 등은 'Log Book'에 기록하여 다음 근무자에게 업무를 인계한다.

Logo

표지, 의장, 상표의 활자, 심볼 마크, 상표 혹은 상징 그림

Long Distance Call(장거리 전화)

보통의 가입구역 이외의 특정 장거리지역과 통화할 수 있는 전화이다.

Long Drink

칵테일에 있어서 알코올과 비알코올성을 혼합한 것을 말한다.

Long Term Stay Guest(장기투숙객)

호텔에 장기로 숙박을 하는 고객으로서 호텔에 따라 기준이 다르지만 보통 1개월 이상 숙박하는 고객을 말한다. 장기투숙객에게는 투숙기간에 따라 무료서비스, 객실의 업그레이드(upgrade) 등 다양한 혜택을 주기도 한다.

Lost and Found(고객의 분실물 습득신고 및 보관센터)

객실 및 호텔의 부대시설을 포함하는 호텔의 건물 내에서 호텔고객의 소지품이나 수하물을 호텔고객이 분실하고 타인 또는 호텔 종사원이 습득했을 때 이의 신고를 받고, 그 습득물을 관리하여 소유주가 나타났을 때에 이를 확인하고 정당하게 반환해주는 업무를 말한다.

M Maid Card ~ MTD

Maid Card

객실 청소를 행하는 중이라는 표시로서 룸 메이드가 청소를 하고 있는 문 옆이나 문손잡이에 걸어놓는다.

Maid Cart

룸 메이드(room maid)가 객실 청소에 필요한 모든 비품을 담는 짐수레

Maid Station

객실 정비원 · 검사원 · 청소원들이 사용하는 사무소

Maid's Report(메이드 보고서)

객실의 상황 · 상태 보고서로서 린넨 사용에 대한 보고서이다.

Mail Clerk

우편물을 고객에게 전해주고, 객실손님의 우편물을 보관 또는 운송의 업무를 말한다.

Mail Service

호텔의 우편물을 집배하거나 발송하는 서비스이다.

Main Dish

주요리(main course) 식사단계 중 가장 으뜸이 되는 요리로, 일명 앙트레(Entree)라고 부른다.

Make-Up

고객이 객실에 등록되어 있는 동안 침대의 린넨을 교환하거나 객실을 청소하고 정비정돈을 하는 것

Manual

호텔에서의 매뉴얼이란 QSC(Quality, Service, Cleaness)에 근간을 두고 표준을 설정하여 작업의 방법을 구체적으로 지시하는 지침서이다.

Market Average Rate System(시장평균 환율제도)

시장평균 환율제도는 원화의 대미 달러 환율을 전일의 외국환은행의 평균환율로서 산출된 시장 평균환율로 결정하여 외국환 은행들의 대고객 거래 및 은행간 외환거래에서 기준환율의 역할을 수행하도록 하는 제도이다.

MBO(목표관리 : Management By Objects)

MBO는 목표달성 문제를 관리적 측면에서 중점적으로 다루려고 하는 하나의 관리전술로서 테일러(F. Tayler)의 집단적 노력에 정신혁명을 계승한 것이라고 말할 수 있다.

Meal Coupon(식권 : Meal Ticket)

단체고객 중 인원 수가 적은 단체나 관광일정·행사일정 등이 여유가 있는 단체는 '식권'을 발행하여 개개인이 원하는 시간에 취향에 맞는 식사를 자유롭게 선택하여 즐길 수 있도록 하기도 한다.

Medium

중간으로 익힌 요리, 알맞게 익힌 요리

Member's Only(회원제 : Membership Club)

일반적으로 특정인이 호텔의 레스토랑(restaurant), 스포츠 시설, 피트니스 센터(fiteness center), 리조트 클럽(resort club) 등의 회원에 가입함으로써 회원에 한하여 이용이 가능하다.

Menu(Carte. Bill of Fare)

메뉴는 1498년경에 프랑스의 어느 귀족이 아이디어에서 착안된 것으로서 1540년 프랑스의 '그랑위그'라고 하는 후작이 자기 집에 손님을 초대하여 준비한 요리의 내용과 순서를 메모하여 식탁 위에 놓고 차례로 요리를 즐기고 있었는데 이것이 다른 후작이나 백작들에게 좋은 평을 받아 이로부터 귀족간에 유행하게 되어 차츰 유럽각국에 정식식사의 차림표로 사용하게 되었다.

Midnight Charge(야간요금)

예약을 신청한 고객이 당일 영업을 마감한 이후 한밤중에 도착하거나 익일 새벽에 도착하였을 경우 호텔 측은 그 고객을 위하여 전날부터 객실을 판매하지 않고 기다렸으므로 야간요금을 징수하게 된다. 이러한 제도는 호텔의 퇴숙시간이 정오이므로 전날의 정오부터 다음날의 정오까지를 1일 객실요금으로 계산하기 때문이다.

Mini Bar

Mini는 '작은, 소형의' 뜻으로 Mini Bar는 객실 내의 냉장고에 간단한 주류나 음료를 구색을 맞추어 전시하여 고객이 셀프서비스(self service)로 이용하는 일종의 Small Bar이다.

Minor Departments(마이너 부서 : Minor Dept)

Valet, 세탁 및 전화와 같은 소규모 영업 부문(객실 및 식음료는 제외됨)이다.

MIP(Most Important Person)

MIP는 VIP(Very Important Person) 고객보다 한 단계 귀한 고객을 말한다.

Mock up Room(전시객실)

호텔을 개관하기 전이나 호텔의 개보수를 위한 계획으로 판매객실과 동일한 수준의 시설과 구조를 갖추어놓은 임시 전시용 객실로 행사를 위한 현지답사나 호텔의 방문자들을 위하여 개방한다.

Mom and Pop(Ma and Pa)

제한된 자본으로 가족에 의해 운영되는 소규모 영업 단위체이다.

Morning Call(Wake-up Call)

고객이 요청한 시간에 전화교환원이 고객을 깨워주는 서비스이다.

Motel(Motorist Hotel)

모텔은 명칭이 표시하는 바와 같이 자동차 여행자들을 대상으로 하여 도로변에 건설된 새로운 형태의 호텔이다.

Motor Hotel

모텔(motel)과 유사하지만 보다 호화스런 시설을 갖추고 있는 숙박시설

MTD(당월합계, 월누계 : Month To Date)

특정월별·특정일별을 위한 수입과 지출을 나타내는 회계상의 합계

NCR ~ Non-Smoking Room

NCR(전자식 금전등록기 : Electronic Cash Register)

National Cash Register 회사에 의해서 제작된 호텔계산기로 프런트 캐셔(front cashier)가 사용한다.

Night Audit(야간감사)

호텔은 1일 24시간 영업을 하기 때문에 정기적으로 당일의 영업 판매금액에 대한 감사가 필요하다고 할 수 있다. 그러므로 야간근무 중 수취계정 금액(accounts receivable)을 마감하여 잔액의 일치를 검사하는 야간회계 감사업무를 말한다.

Night Auditor(야간 감사자)

야간 감사자는 수입 감사실의 지시를 받으며, 영업장 부문별로 당일의 매상수입을 마감하여 정산하는 일을 맡는다.

Night Clerk

나이트 클럭은 야간에만 근무하는 자로서 야간 내에 일어나는 업무만이 아니고 프런트 오피스(front office)에서 주간에 발생되었던 업무의 연장으로 보다 축소 이전되어 맡아보는 일까지도 하여야 한다. 근무시간은 23 : 00~07 : 00까지로 Graveyard Shift라고도 한다.

Night Spread(침대 덮개)

담요를 보호하고 각 고객에게 청결한 카바를 제공하기 위해 밤에 침대에 사용하는 덮개를 일컫는다.

Night Stand

더블침대 양 옆 나이트 테이블과 베드 사이드 테이블 위에 각각 등이 한 개짜리가 설치된 스탠드나 혹은 트윈 베드 중간 나이트 테이블 위에 설치된 스탠드를 말한다.

Night Table

호텔 침대 머리맡에 있는 작은 테이블로 전화, 전기스탠드, 재털이 등이 놓여지며, 취침시에도 침대에서 손이 닿을 수 있도록 위치해 있다. 최근에는 이 테이블 안에 붙박이식 라디오, 전기스위치, 에어콘 스위치, 텔레비전 스위치 등이 설비되어 있는 것이 보통이다.

No Arrivals

호텔의 예약상황이 특별기간의 예약 때문에 특별기간에 예약을 받지 않는 것을 말한다.

No Show Employe(무단결근 종사원)

예정 근무일에 회사에 출근하지 않고, 결근의 이유도 알리지 않은 종사원을 말한다.

Non-Smoking Room(금연객실)

호텔을 이용하는 고객층의 다양화와 전세계적인 금연운동의 확산으로 담배를 피우지 않는 고객의 투숙이 늘고 있어 그들을 위한 서비스 차원에서 금연객실 및 금연층(non-smoking floor)을 지정하여 객실배정을 하고 있다.

O Occupancy ~ Over Time

Occupancy(객실 이용률 : Room Occupancy)

호텔에 있어서 객실 경영상황을 판단하기 위하여 가장 보편적으로 사용되는 지표로서 객실 이용률의 산출방법은 판매된 객실 수를 판매 가능한 객실 수(총객실 수－고정객실 수)로 나누어 값을 퍼센트로 나타낸다.

Occupied

고객이 현재 사용하고 있는 객실을 말한다.

Off-Day

비번 날, 쉬는 날

OffJT(직장외훈련 : Off-the-Job Traning)

직장에서의 실무 또는 작업을 떠나서 전문적으로 실시하는 훈련으로서 보통 단체적으로 행한다.

Off-Season Rate(비수기 요금 : Off-Peak Rate)

비수기의 경영대책으로 호텔의 이용률이 낮은 계절에 한하여 공표요금에서 할인해주는 요금을 말한다.

Official Check(Special Treatment Bill)

사내직원의 시식 및 외부손님 방문시 접대의 이유로 해서 사원 및 간부들이 사용하는 계산서이다.

OJT(현장훈련 : On-the-Job Training)

직장훈련은 감독자가 일하는 과정에서 부하 종업원을 개별적으로 실무 또는 기능에 관하여 훈련시키는 것을 말한다. 이러한 교육은 사고율을 감소시키고, 결근·이직률을 감소시킨다. 또한 낭비 및 기물 파손율이 낮아지며, 아울러 사기·생산성·직무지식이나 판매능력이 높아지고, 고객만족도를 높일 수 있다.

Olive

야채를 Chateau(샤토 : 작고 둥글게 잘라내는 방법)보다 작은 올리브형으로 자르는 방법

On Change(객실 정돈중)

고객이 객실에서 체크아웃(check-out)을 하였으나 아직 객실 청소가 완료되지 않은 객실

On Change Room

하우스키핑 부서에 의해서 정리정돈을 요하는 객실

Ondol Room(한실 : Korean Style Room)

한국 고유의 객실로서, 일반가정과 같이 방바닥이 온돌(요즈음은 스팀) 형태로 한국의 정취를 느끼게 하는 객실로 19㎡ 이상으로 규정하고 있다.

One Pull Dialing

룸서비스(room service)와 벨 데스크(bell desk)와 같이 호텔서비스를 하기 위하여 교환원과 연결되어 있는 전화숫자 시스템이다.

One Shot Key(1회용 열쇠)

단 1회만 가능하며 Room Showing를 한다든지 객실에 이상이 생겼을 경우 신분이 확인된 사람에게 발행한다.

Open Bed

베드 스프레드(bed spread)가 씌워진 채로 있으면 고객이 베드를 사용할 때 불편하므로 고객이 베드를 사용하기 이전에 일정한 시간을 정하여 이 베드 스프레드를 벗겨서 고객이 베드에 들어가기 쉬운 상태로 만드는 것을 말한다.

Opener(병따개)

병마개를 따는 기구로서 바(bar)용으로는 크기가 큰 것이 좋다.

Operating Department(영업부서)

대고객 서비스와 직접 관련되는 부서이며, 즉 커피숍・레스토랑・프런트 데스크・뷔페식당・라운지・사우나 등으로 인사부・경리부 등의 관리부서와는 다른 개념이다.

Operation Hour(영업시간 : Opening Time)

호텔업장의 영업시간

Order Slip(주문서 : Order Pad)

웨이터 · 웨이트레스가 작성하는 식음료의 주문전표이다.

Order Taker

고객으로부터 각종 주문을 접수 처리하게 하는 데 있지만 그 중에는 호텔 전반에 걸친 인포메이션도 포함되어 있기 때문에 호텔 각 부서로부터 영업 전반에 걸쳐 매일같이 정보를 수집하여 고객의 문의에 대비해야 한다.

Out of Order Room(판매 불가능한 객실)

호텔의 예상치 않았던 사고나 객실의 상태가 수리중이거나, 또는 객실에 문제가 생겼을 경우 판매할 수 없는 경우를 말한다.

Out of Town

객실 투숙중 타 지역으로 출장간 손님의 객실

Outlet Manager(식당부문의 업무지배인)

식음료부장(F&B director)의 하위직으로 업장 지배인

Outside Call(외부전화)

호텔 외부로부터 전화교환대로 들어오는 전화를 말한다.

Outside Catering(출장연회)

연회 주최자가 호텔이 아닌 제3의 장소에서 연회를 베풀고자 하는 경우 호텔의 기물이나 음식을 미리 준비하여 원하는 장소로 이동하여 서비스를 제공하는 것을 말한다.

Outside Room

호텔건물의 외측이 시가지나 정원 쪽을 향하고 있어서 전망이 좋은 객실을 가리킨다. 이것은 Inside Room과 반대개념이다.

Over Easy

계란요리 명칭으로 계란의 양면을 다 익힌 것을 말한다.

Over Night Stay

1박하는 일로 Part Day에 대응하는 용어이다.

Over Night Total

당일 숙박계산서의 총합계 금액, 즉 그날의 객실매출액을 말한다.

Over Stay(체류연장 : Hold Over)

고객이 머물고자 하는 체재일보다 초과하여 연장하는 고객을 말한다.

Over Time(초과 근무수당)

오버 타임이란 호텔종사원이 정상 근무시간보다 더 많은 시간을 근무한 경우를 말한다.

PABX～Purchase Request

PABX(자동식 구내전화 교환 : Private Automatic Branch Exchange)

외선과 접속되어 있는 전화의 자동화를 말한다.

Paging Service(Paging)

호텔의 고객이나 외부고객의 요청에 의해 필요한 고객을 찾아주고, 메시지 전달을 해주는 것을 말한다.

Paid(현금결제)

현금계산으로, 호텔요금의 현금지불을 뜻한다.

Paid Bar

제공되는 모든 음료가 미리 지불되어 있는 바(bar)

Paid Call

요금 통화 신청자의 지불 통화

Paid In Advance(선납금 : PIA)

휴대품이 없는 호텔고객에 대하여 호텔요금을 미리 청구하여 받는 금액을 말한다. 호텔회계상 선납금은 발생 직후 서비스 비용이 뒤따라 발생 전의 판매수익으로 대체되는 호텔 수입금이다.

Paid Out

호텔 투숙객이 소액의 현금을 지급해야 될 경우(이·미용비, Body Scrub 등 호텔 내 임대업장에서 제공하는 서비스) 호텔에서 일정한 절차에 의하여 빌려주고 퇴숙시 정산하는 것을 말한다.

Par

침대당 필요한 린넨의 기준량, 혹은 고객당 타월의 수이다.

Par Stock

바(bar) 등 주류 영업장에서 물품공급을 원활히 함으로써 신속한 서비스를 도모하기 위한 목적에서 일정수량의 식료재고를 저장고에서 인출하여 업장의 진열대나 기타의 장소에 보관하고, 필요한 때 사용하는 재고를 지칭하는 적정재고량이다.

Parent(House Parent)

Youth Hostel의 관리자(지배인)

Parlor(Parlour)

호텔의 특별휴게실. 스튜디오(studio)와 비슷하며, 리빙 룸(living room)이라고도 하는데 스위트(suite)에 달려 있다.

PAX(인원 수 : Passenger, PSGR)

사람의 수를 말할 때 사용하며, PSGR로도 쓰인다.

PBX(전화교환 : Private Branch Exchange)

호텔 내의 전화교환 부서이다.

PCO(국제회의용역업 : Professional Convention/Congress Organizer)

각종 국제회의·전시회 등의 개최 관련 업무를 행사주최 측으로부터 위임받아 부분적 또는 전체적으로 대행해주는 단체이다.

Pension

유럽에서 발생된 전형적 하숙식 여인숙으로 저렴한 숙박시설에 장기체재형이며, 주변에 레스토랑·음식점이 많다. 조식은 제공되지만 석식은 제공되지 않는 것이 통례이다. 소규모의 객실을 보유하고, 손님의 접대도 극히 제한되어 서비스 외에는 하지 않는다. 비교적 저렴한 숙박비가 매력이다.

Permanent Guest(장기체류 고객)

장기체류객, 즉 체재기간이 긴 고객으로 임대조건으로 체류할 수도 있다.

Permanent Hotel

아파트 식의 장기체재객을 전문으로 하는 호텔이다. 그러나 최소한의 식음료 서비스 시설이 있는 것이 보통이다. 이 호텔은 단순히 아파트와 다른 것은 메이드 서비스가 제공된다는 점이다.

Person to Person Call(지명통화)

통화 상대자를 직접 연결하여 통화하게 하고, 상대방과 직접 연결되지 않으면 요금을 계산하지 않는 전화이다.

Person Night(일일 고객수입)

당일 객실은 사용한 수입통계로 고객 한 사람의 일일 숙박비를 말한다.

Petty Cash(소액현금)

호텔기업은 보통 공식적인 사전승인이나 지급절차를 거칠 필요가 없는 일상의 소액지출을 위해 일정금액의 현금을 제너널 캐셔(general cashier)에게 전도하고, 그로 하여금 현금을 지출한 후에 필요한 증빙을 갖추어 보고하도록 설정된 현금을 소액현금이라 한다.

Pick-Up Service

예약고객의 요청에 의해서 공항 터미널에서 영접하여 호텔에 체크인시키는 서비스를 말한다. 체크아웃 때도 이 서비스는 가능하다.

Pigeon Box System

웨이터·웨이트리스가 고객으로부터 받은 주문에 대해 1조 3매의 오더 패드(order pad)를 작성하여, 주방용은 주방에 전달하여 음식을 준비하고, 수납원용은 수납원에게 인계하여 빌(bill)에 내용을 이기하고, 영업장 회계기에 등록하고 프린트한다. 프린트된 빌(bill)은 Pigeon Box에 보관하고 있다가 고객이 식사를 끝내고 정산을 요청하면 빌을 마감하여 영수증을 교부하고 수납받는다.

Pillow(베개)

베개는 딱딱한 것, 부드러운 것, 높은 것, 낮은 것 등이 있으나 대체적으로 내용물에 따라서 다르다. 스폰지(sponge), 메밀껍질(buckwheat), 깃털(feather) 등이 있는데, 호텔에서는 깃털 베개를 많이 사용하고 있다. 베개로 싱글 베드에는 2개, 더블 베드에는 4개가 준비되어 있다.

Plate Service

경양식을 제공하는 레스토랑에 있어서 보편적으로 행해지고 있는 서비스 방식이다. 주방의 요리를 담은 접시(plate)를 웨이터 · 웨이트리스가 손으로 들고가서 손님 앞에 제공한다. 이는 테이블 서비스 가운데서 가장 간략화된 서비스인데 신속한 서비스를 할 수 있는 것이 특징이다.

POP(구매시점광고 : Point of Purchase Advertising. In-store 광고)

식음료 부서, 연회장소, 선물가게 등의 서비스를 광고할 때 많이 사용하며, 눈에 띄는 장소, 즉 엘리베이터 · 객실 · 로비 등에 광고문을 붙여놓음으로써 고객에게 알리는 광고라고 말할 수 있다.

Porterage

짐을 옮겨주는 포터 서비스(porter service)를 하는 종사원

POS(판매시점 정보관리 : Point of Sales)

점포에서 매상시점에 발생한 정보를 컴퓨터가 수집할 수 있도록 입력하는 기기이다. POS는 어디까지나 점포에서의 매상기록에 준해 컴퓨터 처리 함으로써 경영판단에 필요한 정보자료를 작성하려고 하는 것이다.

Posting(전기)

분개한 것을 각 계정에 옮겨 기록하는 것을 전기라 하며, 전기하는 방법은 차변과목은 해당 계정 차변에, 대변과목은 해당 계정 대변에 기입한다. 전기는 통상 총계정원장상의 해당 계정에 계정계좌로 거래자료를 이전시키는 과정이다.

PP Card(선불카드 : Prepaid Card)

사용대금을 미리 내고 물품을 살 수 있는 카드로 영어의 Prepaid Card를 줄여 PP 카드라고도 한다. 현재 사용되고 있는 공중전화 카드와 지하철 정액권 등이 선불카드 성격을 띠고 있다. 선불카드는 현재 통용되고 있는 신용카드가 물품을 먼저 사고 사용대금은 나중에 내는 후불카드라는 점과 구별된다. 또 물품을 사는 것과 동시에 대금을 내는 직불카드와도 다르다.

Pre-Registration(사전등록)

사전등록으로 고객이 도착하기 전 호텔이 등록카드를 사전에 작성하는 절차로 그룹이나 관광단체가 도착하여 프런트데스크(front desk)에 혼잡을 피해 등록을 마칠 수 있도록 하기 위해 사용하는 것이다.

Pre-Assignment(사전 객실배정)

고객이 도착하기 전에 예약실에서 특별히 요청된 고객을 위하여 예약당시 객실을 지정하거나 당일 도착예정 고객을 위하여 프런트데스크 직원이 업무의 편의를 위하여 도착 전에 객실을 배정하는 것

Presentation(발표)

회의중에 영업 분석, 경쟁사 분석, 각종 현황보고 등의 특별한 주제로 여러 사람을 대상을 발표하는 것

Pressing Service

고객 세탁서비스 중 다림질 서비스를 말하며, 하우스키핑(housekeeping)의 라운드리(laundry)에서 일임하고 있다.

Priority Hot Line(우선 직통전화)

우선 직통전화는 고객에 대한 신속한 서비스를 목표로 하루 24시간 응답할 수 있는 프런트데스크나 하우스키핑 오피스로 전화벨이 직접 울린다. 이는 손님의 요구를 즉각적으로 만족시키기 위한 방안으로 전화를 받은 담당 직원은 다른 직원이나 다른 부서로 전화를 돌려서는 안 되며, 항상 손님의 요구에 직면한 사람이 직접 책임을 지도록 하는 것이다.

Private Bill(개인 영수증 : Restaurant Bill)

각 영업장에서 개별적으로 발행하는 계산서를 말한다.

Processor

처리장치 하드웨어 관점으로는 보통 중앙연산 처리장치를 말하고, 소프트웨어 관점으로는 BASIC 등의 프로그램 언어로 쓴 프로그램 기계어로 변환하는 번역기, 즉 인터프리터, 컴파일러, 어셈블러를 총칭해서 프로세서라고 한다. 다시 말해서 하드웨어·소프트웨어의 어떠한 처리를 하는 것을 프로세서라고 부른다.

Profit and Loss Statement(손익계산서)

기업의 경영성과를 명확히 하기 위하여 한 회계기간에 발생한 모든 수익과 이에대응하는 모든 비용을 기재하고, 그 기간의 순이익을 계산 표시하는 회계 보고서이다.

Proof

미국에서 사용되는 알코올 도수의 표시방법이다.

Profit & Loss Transactions(손익거래)

손익거래는 수익이나 비용이 발생하는 거래이다. 따라서 손익거래는 당기 순이익에 영향을 미치는 거래이다. 손익거래는 수익이 발생하는 수익거래, 비용이 발생하는 비용거래, 수익과 비용이 동시에 발생하는 수익비용 동시 거래로 나누어진다.

Property(호텔 자산)

인적·물적 요소를 포함하는 호텔의 모든 자산

Property Management System(자산관리 시스템 : PMS)

프런트데스크와 백오피스 사이에 원활한 기능을 위해 고안된 호텔 컴퓨터 시스템이다.

Property Maintenance

주로 대규모 호텔에만 있는 부서로서 건물의 전위와 후위의 힘든 청소업무를 행하며, 흔히 야간 청소원을 포함하여 건물 외곽과 호텔 대지를 보존하는 책임을 맡는다.

Pub Bar(Pub Restaurant. Pub)

대중적인 사교장을 말한다. 펍(pup)은 Public House의 약어로서 아일랜드와 영국인들이 사람을 만나고 새 친구를 사귀던 전통적인 선술집이다.

Public Area(Public Space)

공유지역, 공공장소

Public Room(공공실 매상)

무도회 · 강연회 · 세미나 · 전람회 등을 위해 빌려준 연회장 · 회의실 등의 수입을 말한다.

Purchase Request(구매청구서)

저장창고에 필요한 아이템 구매시 의뢰서를 작성하여 구매부서에 전달하는 양식서이다. 구매청구서는 필요한 아이템과 필요한 수량의 질, 주문한 아이템 입고 날짜, 구매를 요구하는 부서가 기록되어 있다.

Q Quad ~ Queen

Quad(Quadruple, Twin Double)

호텔의 객실 형태로 4인이 이용할 수 있는 객실이다.

Quality Control(품질관리)

호텔에서의 품질관리는 최고의 서비스를 위해서는 표준적인 상품의 질을 유지하여야 하기 때문이고, 더 나아가 서비스 개선점을 발견하는 데 용이하다. 이는 고객에게 그들의 기대하는 만큼의 표준적인 품질의 서비스 상품을 제공함으로써 고객의 만족도를 극대화할 수 있다.

Queen

일반적으로 190~200cm 정도의 특별히 길고 넓은 더블 베드(double bed) 형태이다.

R Rack Rate ~ Russian Service

Rack Rate(공표요금 : Published Rate)

호텔에 의해 책정된 호텔객실 기본요금이다. 또한 룸랙(room rack)에 할당된 요금이다. 이것은 할인되지 않은 공식화된 요금이다.

RAM(등속추출 기억장치 : Ramdom-Access Memory)

임의의 주소를 찾아가는 데 걸리는 시간이 모두 일정한 기억장치를 말한다.

Rare

육류를 요리할 때 색상과 촉감으로서 그 익은 정도를 나타내는 용어의 하나로서 완전 날고기를 따뜻하게 데운 정도를 표시하는 용어이다.

Rate(가격)

가격 혹은 서비스가 제공된 가격의 원가로서, 호텔 객실요금을 일정기간 가격(화폐)으로 정하다는 뜻이다. 차지(charge)와는 쓰이는 의미에 차이가 있다.

Rate Cutting(가격절하)

새로운 고객 창출이나 시장 개척보다는 경쟁호텔로부터 고객을 끌어들이는 사업방법이다.

Rate Change(객실요금 변경)

객실요금이 변경되는 경우는 현재 투숙중인 고객의 룸 레이트(room rate)이 변경될 때 발생한다.

Receipt(Bill. Check)

고객에게 주는 영수증이다.

Receiving(식품 검수)

식품검수의 주요 목적은 공급업자로부터 배달된 상품을 주문한 대로 정확한 '질'과 '양'을 '견적가격' 대로 확실하게 수령하는 데 있다.

Reception

프론트데스크의 전통적인 어원으로 영국에서 생성된 단어이다.

Refund(반환금 · 상환금)

고객이 호텔에 보관한 선납금(advance money) 중에서 고객이 퇴숙(check-out)하고자 할 때 남은 금액을 되돌려받는 것을 말한다.

Register(입실 등록과정)

호텔에 도착한 고객이 등록카드(registration card)에 고객의 인적 사항을 기재하고 서명함으로써 고객이 되기 위한 절차 및 과정이다.

Registered Not Assigned(등록 미입실 : RNA)

호텔에 등록한 고객이 특별히 원하는 객실이 준비될 때까지 기다리는 것을 말한다.

Registration Card(등록카드 : Reg. Card)

호텔고객의 숙박절차로서 소정의 카드에 필요한 사항을 기재한다. 대개 호텔의 이름, 주소, 카드 넘버, 고객의 성명, 주소, 객실번호, 요금, 도착시간, 출발 예정시간, 취급계원의 성명 등이 기재된다.

Reminder Clock

호텔객실에 있는 특수한 알람시계로서 모닝 콜(morning call)을 위해 주로 사용한다.

Requisition Form(청구서)

청구서는 호텔물품을 받기 위한 양식으로 청구서에는 허가를 받은 사인이 있어야 한다. 물품청구 후 하루에 한 번 담당부서에 보내지며, 엄격한 재고변동 관리에 필요하다.

Reservation(예약)

객실이나 부대시설의 업장 등에서 서비스 상품을 판매하는 데 있어서 효율성을 증대시키면서 미래의 시점에 서비스를 제공하기 위하여 미리 판매하는 것을 말한다. 다른 일반제품의 경우 대개가 직접 그 제품을 보고 거래가 성립되지만 객실의 경우에는 신용과 편리한 시설, 훌륭한 인적 서비스 등을 바탕으로 예약에 의해 판매되기 때문이다.

Reservation Clerk(객실 예약원 : Book Clerk)

객실 예약원은 고객이 객실상품을 주문할 때에 적절하게 응하며 사무 처리를 하게 되므로 이곳은 최초의 상품 전시장이나 마찬가지이므로 담당자는 판매에 실수 없이 정중하게 대하여야 한다.

Reservation Confirmation(예약확인)

호텔을 이용하기 전 예약이 확실히 되어 있는지를 재확인하는 것을 말한다.

Residential Hotel(거주용 호텔)

주로 장기체류객을 대상으로 하는 주택용 호텔이다. 객실구조는 침실 · 거실 · 응접실 · 부엌 · 욕실 · 화장실 등이 편리하게 갖추어져 있으며, 객실요금은 1주, 1개월 요금 지불방식을 채택하고 있다.

Resort Hotel(휴양지 호텔)

관광지 호텔로 보양 · 휴양, 또는 레크리에이션을 목적으로 한 호텔로 해안이나 경치 좋은 곳에 있는 별장식 호텔을 일컫는다. 이 휴양지 호텔은 호텔이 위치한 지역의 기후와 계절에 따라 Summer Resort Hotel과 Winter Resort Hotel로 나뉜다.

Rest Room(화장실 · 휴게실)

화장실만이 아니라 휴게실의 의미도 있다.

Return Check

식당 경영상의 엄격한 전표 통제를 위하여 사용하는 제도로서 한번 쓰여진 전표는 재이용될 수 없도록 하는 것이다. 만약 고객에게 주어졌던 상품이 어떤 이유로서 주방이나 바(bar)로 되돌려보내질 때 다른 새 전표를 발행해서 'Return'이란 표시를 하여 그 음식과 함께 보내진다. 이때 이 리턴 전표(return check)는 반드시 정당하다는 헤드 웨이터(head waiter)의 사인을 얻어야 한다.

Revenue Center(수익부문)

수익부문은 호텔영업의 결과, 직접적으로 수익을 가져오게 하는 영역들을 가리킨다. 이러한 수익부문은 서비스를 제공하여 수익을 발생시킨다는 데 공통적인 특징이 있다. 예를 들면 식당 · 바 · 라운지 · 교환 · 객실부서 등과 같이 매출액을 수익으로 계상하는 영업부문이라고 하겠다.

Revenue Report(수입보고서)

야간 감사자가 작성하는 것으로 객실점유율, 평균 객실요금 등을 주된 내용으로 하는 보고서이다.

Rollaway Bed(접침대)

일반적으로 30~72인치 정도의 크기로 운반 가능한 침대를 말한다.

Room Assignment(객실배정)

객실배정이란 개개의 예약에 대하여 객실을 할당하는 것이며, 당일 예약된 고객이 도착하기 사전에 객실을 준비하여 도착시 객실배정에 따른 시간을 단축시킴으로써 효율적인 업무를 수행함에 있다. 객실배정은 일정한 방법과 순서에 의하여 실시해야 하며, 주의사항을 숙지하여 차질이 없도록 하여야 한다.

Room Attendance(객실청소원 : Room Maid)

호텔고객의 객실을 안전하고 쾌적하게 또한 청결한 객실 상품을 제공하기 위하여 호텔의 모든 객실을 정리정돈하는 호텔종사원이다.

Room Inspection

객실정비원(room attendance, room maid)의 객실청소, 정리정돈 후 고객에게 객실을 판매하기 전에 최후로 객실을 점검하는 것이다. 객실을 점검하는 직원을 Room Inspector라 한다.

Room Inventory(객실조사)

객실조사는 계속해서 객실에 대한 현재의 상황, 즉 재실, 숙박연장, 객실변동, 고장난 객실, 가용객실 등을 하우스키핑, 예약, 영선실과 상호 연결시켜서 프런트 오피스(front office)

에서 객실을 판매하는 데 있어서 아무 지장이 없도록 도와주는 것이다.

Room Key Tag System(객실 자동 전멸장치)

호텔의 에너지 절약 차원에서 객실 입실시 키를 키 센서(key sensor)에 꽂으면 객실이 자동적으로 점등되고, 외출시나 퇴숙시 키를 빼내면 자동으로 점멸되는 시스템 방식을 말한다.

Room Occupancy Rate(객실점유율)

당일판매 객실 수를 판매가능 객실 수로 나눈 비율, 즉 전객실 수에 대한 당일판매 객실 수의 비율을 말한다.

Room Rack(Rack)

호텔 전체의 객실 이용 상황을 알 수 있게 하는 현황판으로 룸 인디케이터(room indicator)와 연결되어 있는 프런트 오피스(front office)의 비품 중의 하나이며, 금속성으로 제작된 포켓(pocket)이 객실 번호순으로 배열되어 있어 층별, 객실 종류, 객실 요금, 객실 형태, 현재의 객실 상태 등을 마크나 색깔로 나타내고 있다. 현대 호텔의 전산화에 의해 룸 랙이 설치되어 있다.

Room Renovation(객실의 수리)

객실수리에 있어서는 일반적인 객실수리와 전반적인 객실수리로 나누어 생각할 수 있겠다. 일반적인 객실 수리는 평상시에 발생되는 부분적인 객실의 고장(out of order room)을 수리하는 것을 말하고, 전반적인 객실 수리는 객실 시설의 노후로 5년 혹은 10년 등의 간격으로 새로운 설계로부터 시작하여 객실의 디자인·가구·전기·기계 등의 시설을 완전히 새로운 시설로 교체하는 전반적인 객실의 개·보수를 의미한다.

Room Service

호텔 객실에 고객의 요청으로 음료·식사 등을 보내주는 종사원 또는 호텔의 객실에서 하는 식사서비스로 보통 메뉴요금보다 10~15% 정도 높은 요금으로 되어 있다.

Rooming(객실배정)

입실을 뜻하며, 호텔에 도착하는 고객은 프런트데스크에서 입실 절차와 영접을 받게 되고, 객실배정이 끝나면 벨맨이 고객을 객실로 안내하는 제반 과정을 뜻한다.

Rooming Control(객실판매 관리)

호텔의 효율적인 객실판매로서 최고의 가격으로 최대의 객실을 판매하는 판매관리를 말한다.

Rooming List(입실명단)

단체고객이 도착하기 전에 단체객의 인적 사항을 기록한 고객의 명단을 미리 받아 단체객의 사전등록과 사전 객실배정을 하기 위한 단체객의 명단이다.

Russian Service

러시안 서비스는 가끔 French Service와 혼돈되기도 하지만, 호텔이나 고급 레스토랑에서 폭넓게 사용되는 서비스 형태이다. 러시안 서비스는 음식이 주방에서 준비되고 요리사에 의해 은쟁반에 올려지면 웨이터가 고객에게 날라다 서비스한다. 러시안 서비스는 연회행사에 많이 이용되는 형태로 일정한 시간에 많은 인원을 서비스할 수 있다.

S

Safety-Deposit Boxes ~ Switch Board

Safety-Deposit Boxes(귀중품 보관소)

호텔객실에 투숙하는 고객의 귀중품을 보관해주는 금고로 프런트 캐셔(front cashier)가 관리한다.

Salad(Vegetable)

여러 가지 종류의 야채와 과실·생선·육류·조류 등을 주재료로 하여 여러 가지 특성의 드레싱(dressing)과 함께 제공되는 것을 말한다.

Sales Promotion(판매촉진)

기업이 자사제품이나 서비스의 판매를 촉진하기 위해 수행하는 모든 촉진활동을 포함한다.

Seamstress(재봉사)

호텔 린넨류의 파손품의 수리와 고객용 세탁의 파손부분 보수 및 유니폼 보수가 주요 업무이다.

Seaport Hotel(항구호텔)

항구호텔은 선박이 출발하고 도착하며 정박하는 항구 부근에 위치하고 있으며, 여객선이나 크루즈(Cruise)를 이용하는 선객과 선박에서 근무하는 승무원들 및 선원들이 주로 이용하는 호텔이다.

Seasonal Menu(계절별 메뉴)

1년 중 계절의 과일·채소·특산물 재료를 가지고 만드는 메뉴 구성을 말한다.

Seasonal Rate(계절별 요금)

동일한 제품과 서비스에 대해 계절에 따라 가격의 변동을 허락하는 차별요금 제도를 말한다.

Security Department(안전부서)

호텔의 안전부서는 고객에게 안락한 호텔 분위기를 제공하는 데에 있어서 중요한 역할을 수행하는 부서이다. 안전부서의 역할로는 객실열쇠의 관리, 소방대피 업무, 비상시 대피업무, 호텔직원 교육업무, 고객재산의 보호, 분실물 처리 업무 등이 있다.

Self Service

호텔에서의 연회서비스와 뷔페식당의 서비스 방식, 또는 단체고객의 아침 식사 및 브런치(brunch) 스타일로 각자 자기가 좋아하는 음식을 가져다 먹는 식이며, 만들어놓은 음식을 직접 가져다 먹기 때문에 신속한 식사를 할 수 있으며,

호텔 측은 인건비를 절감해서 음식요금을 저렴하게 하는 것이 특징이다.

Selling Up(up grade Sale)

호텔에서 판매촉진을 위해 이미 예약된 객실의 요금보다 높은 가격의 객실을 선택하도록 권유하는 경영방법이다.

Semi-Double Bed

더블베드의 약 4분의 3 크기의 침대로서 'Three-Quarter Bed' 라고도 한다. 일반적으로 크기는 세로 195cm~200cm, 가로 110cm~130cm, 높이 35cm~48cm가 적당할 것이다.

Service Charge(봉사료 : Gratuity)

구미의 호텔이나 레스토랑에서는 고객이 종업원의 서비스에 대하여 팁(tip)을 지불하는 것이 일반적인 관례이다. 즉 구미에서는 종사원과 고객 사이에서 팁을 주는 상업상의 관습이 있다. 그러나 우리나라는 구미에서 볼 수 있는 것과 같은 팁의 관례는 없다. 따라서 우리나라 호텔의 봉사료는 독특한 제도로 고객의 숙박이나 식음료에 대한 소비액에 일률적으로 10%의 금액을 팁 대신 추가청구하는 방식이 일반화되었다.

Service Elevator(종사원 승강기 : Back Elevator)

호텔 종사원들이 사용하는 승강기로서 룸서비스, 객실청소 등 직원전용 승강기를 말한다.

Service Plate(Show Plate)

서비스 플레이트는 주요리 접시(Entree Plate)와 같은 크기의 접시로서 일종의 장식접시라고 할 수 있다. 그러므로 은(silver)이나 놋쇠 등 고급재료를 사용하여 만들며, 그 모양이나 디자인이 호화스럽게 제작된다.

Shift(근무조, 근무시간 : Watch)

호텔 종사원의 근무조 또는 근무시간을 나타내는 것으로 일반적으로 3가지가 있다.

- Morning Shift, Day Shift(07 : 00~15 : 00)
- Afternoon Shift, Swing Shift(15 : 00~23 : 00)
- Evening Shift, Graveyard Shift(23 : 00~07 : 00)

Shower Cap

호텔객실의 욕실 안에 여성들이 샤워(shower)를 할 때 머리에 쓰는 모자를 일컫는다.

Shower Curtain

베스 터브(bath tub)에 들어가거나 샤워를 사용할 때 물이 밖으로 튀지 않게 하는 커튼

Shut-Out Key

보석이나 귀금속을 다루는 고객의 필요에 의해 고객이 부재시 어떠한 종사원도 개방·출입할 수 없도록 고안된 장치이다.

Siberia Room

아주 사용하기 부적당한 객실용어로서 판매가 불가능한 객실이다. 그러나 판매시에는 고객의 동의가 있을 경우에는 판매 가능한 객실이다.

Side Chair

호텔・레스토랑 등에 놓는 팔걸이 없는 작은 의자

Single Rate

고객이 싱글 룸(single room)을 예약하고 호텔에 들어왔을 때 호텔 측의 사정으로 싱글 룸 제공이 불가능할 경우 호텔 측은 고객에게 싱글룸보다 가격이 높은 더블 룸(double room)이나 트윈 룸(twin room)을 제공해야 되며, 요금은 싱글 요금을 적용하는 경우를 말한다.

Single Room

1인용 베드(single bed)를 설비한 객실로 기준면적은 13㎡ 이상이어야 하고, 침대의 표준 규격은 90cm×195cm 이상이고, 담요의 규격은 230cm×170cm이다.

Single Use

호텔 용어로 2인용의 객실을 1인이 투숙하는 경우로 보통 객실요금에 대하여 10% 정도 할인을 해주는 것을 말한다.

Skipper(Skip)

호텔・레스토랑・기타 부대시설의 서비스를 제공받고 요금을 지불하지 않고, 비밀리에 도망가는 고객을 말한다.

Sleep Out(체재중 외박한 고객 : SO)

호텔에서는 고객에게 객실을 판매하였지만 고객의 사정으로 인하여 개인물품은 객실에 두고 호텔에서 숙박을 하지 않는 것을 말한다.

Sleeper

객실을 통제하는 종업원의 실수로 인하여 판매 가능한 객실을 고객이 투숙한 객실로 오인하여 판매하지 못하는 경우를 말한다.

Snack Bar

일반적으로 서서 식사를 하는 간이식당을 말한다. 주로 카운터 서비스(count service)와 셀프 서비스(self service) 형식으로 제공된다.

Sofa Bed(Hide Bed. Convertible Bed)

표준 싱글 또는 더블 베드로 펼쳐지거나 앞뒤로 접어서 이용할 수 있는 조립식 침대로 스튜디오 룸에서 사용하고 있다.

Soft Drink(청량음료 : Non-Alcoholic Beverages)

알코올 성분이 없는 음료로서 특히 칵테일 과정에서 없어서는 안 될 재료이다. 이들을 종류별로 보면 탄산성 음료(콜라 · 소다수 · 진저에일 · 토닉워터 · 사이다) 및 비탄산성 음료(광천수 · 셀처 · 워터), 영양 음료(주스류 · 우유류), 기호음료(커피 · 차 · 인삼차) 등이 있다.

Special Consumption Tax(특별소비세 : SCT)

특별소비세는 사치성 오락물품을 구입하거나 특정한 장소에 출입하는 행위 등에 대하여 과세하는 세금이다.

Spirits

양조주를 알코올의 비등점(약 80℃)을 이용하여, 단식증류(pot still)와 연속증류(patent still) 두 가지 방법으로 증류한 주정이 강한 주류의 총칭이다.

Split Rate(분할 가격방법)

객실의 몇몇 고객이 총객실요금을 분할해서 지불하는 방법이다.

Standing Party

호텔 연회행사의 일종으로서 모든 연회 참석자가 서서 파티에 참석하는 것을 말하는 것으로 일반적으로 가벼운 칵테일파티나 세미나 전후에 이루어지는 행사이다.

Station to Station Call(번호통화)

장거리 전화가 통화자와 관계없이 원하는 전화번호에 연결시켜주는 방법이다.

Stationary(상비설비)

호텔객실 비품 중의 하나로서 문구류로 봉투 · 편지지 · 엽서 · 볼펜 등을 말한다.

Stay Over(체류연장 : Hold Over. Over Stay)

고객의 체크(check-out) 예정 일자보다 고객이 체류기간을 적어도 1박 이상 연장하는 것을 말한다.

Steward(기물관리)

호텔·레스토랑·주방과 식당 홀에서 사용되는 기물·접시·글라스 등을 세척하여 즉시 사용할 수 있도록 보관·관리하고, 주방바닥·벽·기기 등을 청소하여 주방 내의 청결을 유지한다.

Studio Bed(Statler Bed)

호텔에서 사용하는 베드 중 낮에는 벽에 밀어붙이고 베개를 빼면 베드 커버를 걸어놓은 채 소파로서 이용할 수 있는 것도 있는데 이것을 스튜디오 베드라고 한다.

Studio Twin

2인용의 베드(bed)와 소파(sofa)가 있는 호텔객실의 일종으로 낮에는 넓게 객실을 사용할 수 있다.

Suburban Hotel

도시를 벗어나 한산한 교외에 건립된 호텔이다.

Suite Room

Suite란 영한사전에서 단어를 찾아보면 '호텔의 연속된 방'이라는 번역이 나와 있으며, 어원은 Suit인데 한 벌로 되어 있는 양장을 가리킨다.

Sundry(잡수입)

정상적인 수입 이외의 수입이나 장부에 두드러진 명목의 계정이 없는 잡수입을 말한다.

Supplies(소모품)

소모품이란 한번 사용하면 닳아 없어지거나 못 쓰게 되는 사무용품 · 청소용품 · 포장용지 등의 물품을 말한다.

Switch Board

전화교환대

Table Calling Machine ~ Turn Down Service

Table Calling Machine

전자동 무선호출 시스템으로 고객이 웨이터를 호출하는 과정에서 발생하는 불편 요소를 제거한 장비이다. 상호간의 무선 호출원리를 채택하여 신속하고 정확하게 호출하고자 하는 이의 요구를 전달해주는 새로운 전자 장비이다.

Table Cloth

테이블 클로스는 반드시 백색 린넨을 사용하는 것이 원칙이지만 근래에는 여러 가지 유형으로 두껍고 무늬가 다양한 린넨 종류를 사용하는 경향이 많아졌으며, 때로는 유색 린넨과 유색 화학섬유도 많이 사용한다.

Table D'hote(정식차림표)

요리의 종류와 순서가 미리 결정되어 있는 차림표를 가리켜 정식(Table D'hote)이라고 말하며, Appetizer(전채), Soup, Fish, Entree, Salad, Dessert, Beverage 순으로 서비스된다.

Table Service(식탁서비스)

테이블 서비스는 가장 전형적이고 오래 전부터 유래되어온 서비스 형태로 이것은 웨이터나 웨이트리스로부터 서비스를 제공받는 것이다.

Table Turn Over Rate(객석 회전율)

한 개의 객석당 하루 몇 명의 고객이 앉는가를 의미하며, 미국이나 유럽의 호텔·레스토랑에서는 좌석당 고객 수를 산출할 뿐 아니라 좌석당 매상고를 분석한다.

Tariff(공표요금)

공표요금이란 호텔기업이 객실요금을 설정하여 이를 담당 행정기관에 공식적인 신고절차를 마치고 호텔에서 공시하는 기본요금을 말한다. 공표요금은 Full Charge 혹은 Full Rate로서 할인되지 않은 정상적인 요금인 정찰가격을 말한다.

Telemarketing(Teleshopping)

호텔기업이 고객을 직접 만나지 않고도 전화나 컴퓨터 등 정보통신 수단을 이용해 매출액을 늘리고 고객만족을 실현하려는 종합적인 마케팅 활동이다.

Telephone Call Sheet

모닝 콜(morning call)을 원하는 고객의 객실번호·고객성명·시간을 기록하는 양식이다.

Telephone Switchboard

PABX(Private Automatic Branch Exchange : 자동식 구내 전화교환)라고도 하며, 고객의 전화요금이나 전화연결을 하는 데 사용되는 기계를 말한다.

Terminal Hotel

터미널 · 종착역에 위치한 호텔로 이른바 철도 스테이션 호텔을 말한다.

Third Sheet(Bed Spread)

담요 보호용으로 이용되는 야간 이불 덮개이다.

Tip(팁 · 사례금)

영국의 술집에서 "신속하게 보다 좋은 서비스를 할 수 있도록 지불은 충분히"라고 붙인 종이가 나왔다가, 그 후 "To Insure Promptness"(직역하면 신속을 보증하기 위하여)라고 써서 간단히 그 첫 글자를 서서 Tip이라고 된 것이 어원이라고 되어 있다.

Today's Special(오늘의 요리)

오늘의 특별요리, 즉 그날의 별식의 의미로서 각 호텔 · 레스토랑이나 음식점에서 손님을 끌기 위해 특별한 요리를 그날그날 지정해서 판매하는 경우에 쓰는 용어이다.

Tour Desk

호텔의 로비에 있는 데스크로서 이것은 특별히 관광, 특히 단체고객 패키지(package) 상품 등의 상담과 판매를 하는 곳이다.

Tourist Hotel(관광호텔)

관광객의 숙박에 적합한 구조 및 설비를 갖추어 이를 이용하게 하고, 음식을 제공하는 자동차여행자 호텔, 청소년 호텔, 해상관광 호텔, 휴양콘도미니엄 등의 숙박시설 등이 있다.

Transfer

보통 폴리오(folios) 사용에 있어서 한 방식에서 다른 방식으로 옮기는 양식이다.

Transient Hotel(Destination Hotel)

다른 목적지를 가기 위하여 잠시 머무는 단기고객 유치를 위한 호텔이다.

Traveler's Check(여행자 수표 : TC)

여행자수표는 여행자가 가지고 다니면서 쓰는 자기앞수표와 같은 것으로 수표를 매입하고 서명을 하면 현금과 같이 취급된다.

Turn Away

성수기에 초과예약으로 인한 고객서비스로 예약을 하였지만 늦게 들어오는 고객에게 객실을 제공하지 못한 경우에 다른 호텔을 예약한 후 안내 및 제반 서비스를 하는 것이다.

Turn Down Service

고객이 이미 투숙한 객실에 대하여 고객의 취침 직전에 제공하는 서비스로서 간단한 객실의 청소, 정리정돈과 잠자리를 돌보아주는 작업을 말한다.

U Under Stay~Up Selling

Under Stay(조기 퇴숙 : Unexpected Departure)

퇴숙 예정일보다 고객의 업무상 또는 개인적인 사정으로 갑작스럽게 퇴숙 예정일을 앞당겨 출발하는 경우를 말한다.

Undesirable Guest(불량고객 : Ugly Guest)

호텔의 품위에 상처를 주고 손해를 입히는 고객, 즉 호텔간 서로 통보해주는 UG 정보, 계산이 흐린 고객, 호텔을 잘 이용하고 있으나 무리한 주문이 많다든가 하는 불량한 고객을 칭한다.

Uniformed Service

호텔현관 로비에서 주로 유니폼을 입고 근무하는 종사원으로서 벨맨(bell man), 도어맨(door man), 페이지 보이(page boy), 엘리베이터 오퍼레이터(elevator operator), 포터(porter) 등이 있다.

Upgrade

호텔 측의 사정에 의해 고객에게 예약한 객실을 제공하지 못할 경우에 고객이 예약한 객실보다 가격이 비싼 객실에 투숙시키고, 요금은 고객이 예약한 객실요금으로 처리한다. 또한 호텔이 고객을 대접하기 위한 수단으로 예약된 객실보다 값비싼 고급객실을 제공하고, 요금은 예약되었던 객실요금을 징수하는 경우도 있는데 이것 역시 업그레이드라고 한다.

Up Selling

매출향상의 일환으로 고객에게 직접 서비스를 제공하는 종업원이 고객을 설득하여 주문하는 상품보다 고부가가치의 상품을 판매하는 것이다.

Vacancy ~ Voucher

Vacancy(공실)

객실이 만실(full house)이 아닌 상태로 판매가능 객실이 아직 남아 있음을 의미한다.

Vacant and Ready

고객이 퇴숙하고 다음 고객을 위해서 객실의 청소가 완료된 경우

Valet Service

호텔의 세탁소나 주차장(parking lot)에서 고객을 위하여 서비스하는 것을 말한다.

VAT(부가가치세 : Value Added Tax)

부가가치세란 물품이나 용역이 생산·제공·유통되는 모든 단계에서 매출금액 전액에 대하여 과세하지 않고 기업이 부가하는 가치, 즉 마진(margin)에 대하여만 과세하는 세금

Vending Machine

간단한 식료나 음료 또는 담배 따위를 판매원의 도움 없이 판매하는 자동판매기를 말한다.

VIP(귀빈 · 저명인사 : Very Important Person)

국빈 · 귀빈 등의 중요한 고객 또는 지명도가 높은 사람, 특별한 주의 및 관심을 요하는 고객 또는 그 예약을 뜻한다.

Voucher(Coupon)

호텔고객이 호텔에서 요금 대신 지불하는 보증서 및 증명서 개념으로 여행사와 항공사에서 발행하는 것이다. 즉 이것은 그룹투어 · 식사 · 관광 · 객실 등의 비용을 미리 지불하여 호텔 계산서를 발행하는 데 있어서의 유통되는 양식이다. 이 바우처는 가격할인 형태의 구매이고, 호텔의 판매촉진 방법 중의 하나이다.

Wagon Service ~ Working Schedule

Wagon Service(Cart Service)

이는 웨곤을 사용하여 손님 앞에서 요리를 서비스하는 고급스러운 테이블 서비스이다.

Wake-Up Call(Morning Call)

고객으로부터 아침 일찍 몇 시에 깨워달라는 부탁을 받고 교환원이 전화에 의해 해당고객의 객실로 전화벨을 신호로 잠을 깨워 일어날 시간을 알리는 것을 말한다.

Waiter · Waitress(Commis de Rang)

이들의 업무는 호텔에 따라 좌우되나 일반적인 업무는 고객에 대한 서브(serve) 및 정리정돈, 영업준비, 고객접근 방법의 습득, 식음료를 주문받기 위한 사전지식 숙지 등을 수행한다.

Waiting List(대기고객 명단)

이미 예약이 만원이 되어 호텔객실의 취소를 기다리고 있는 고객의 명부이다.

Walk a Guest

예약을 한 어떤 고객 중 그 호텔에 투숙이 불가능하여 무료로 타 호텔에 투숙이 주선되는 고객을 말한다.

Walk in Guest(Walk Ins. No Reservation)

사전에 예약을 하지 않고 당일에 직접호텔에 와서 투숙하는 고객을 말한다. 이 경우 일반적으로 고객에게 선수금을 받고 있다.

Walk Out

공식적인 체크아웃 없이 호텔을 떠나는 고객을 말한다. 환언하면 고객이 정해진 기간 객실에 체재하고서 프런트를 거치지 않고 떠나는 경우이다. 즉 고객이 돌아올 것인지 알 수 없다. 그날 늦게까지 그 객실을 결국 팔지 못하는 경우가 있다.

Weekly Rate(주간요금)

호텔에서 1주일 체재하는 고객에 대하여 실시하는 특별요금을 말한다.

Who

안에는 객실이 비어 있는 상태를 나타내고 있지만 객실에는 미확인 고객이 투숙하고 있는 것을 말한다.

Working Schedule

근무계획표

Yachtel ~ Youth Hostel

Yachtel

요트를 타고 여행하는 관광객들을 대상으로 하는 숙박시설로서 비교적 규모가 작으며, 단기체류객을 대상으로 주로 잠자리만을 제공하는 일종의 간이호텔이다.

Yield Management(수익관리)

호텔고객들은 그들의 예약시점에 따라 같은 객실에 대하여 다른 객실요금을 지불한다. 가격은 매일 시간단위로 변하여 예정 객실투숙일의 주요 상황이 모든 가격조정을 조절하는 것이다.

Youth Hostel(유스호스텔)

청소년들의 수용을 위한 숙박시설로서 일반호텔처럼 기업적인 차원에서의 영리추구에 그 주된 목적이 있는 것이 아니고 일종의 공익성을 추구하는, 다시 말해서 청소년들에게 싼 비용으로 편리하게 숙박하도록 해주는, 일종의 사회복지시설에 속한다고 볼 수 있다.

Z Zero Defects ~ Zip Code

Zero Defects(ZD 운동)

무결점 운동으로 종업원 개개인이 자각적으로 추진자가 되어 일의 결함을 제거해나가려는 관리기법이다.

Zero Out

고객이 체크아웃과 정리시 회계균형을 맞추는 것이다.

Zip Code(우편번호)

우체국의 담당배달이 각 지역에 매긴 번호

제 3 장

컨벤션 용어

Accommodation Reservation Form ~Auditorium Style

Accommodation Reservation Form

숙박신청서

Addendum

국제회의 및 행사를 위해 컨벤션 센터와 계약을 체결한 이후 전시실의 공간이나 연회장소 등의 변동이 있을 것을 대비해 계약할 당시 추가로 서명할 조항을 별도 마련하는 것

Ad Hoc Committee

특별위원회

Advance Order

전시물의 반입을 실시하기 이전에 주문된 물품이나 용역

Advanced registration

사전등록

Agenda

안건이나 의제

Air Wall

대규모 회의장을 두 개 혹은 몇 개의 작은 공간으로 나누는 이동 가능한 벽 혹은 막이시설을 말한다.

Aisle Carpet

회의장 통로에 설치되는 카펫의 일종

Aisle Signs

통로번호나 글자를 표시하는 팻말 또는 간판을 말한다.

Ambient light

자연 혹은 막을 수 없는 빛, 시청각 장비에 관한 용어로서 어두운 회의장에 문 혹은 가려진 창문을 통해 스며드는 빛을 말한다.

Amplifier

앰프 또는 음량 증폭기

Association

몇몇의 다양한 자원봉사자의 지도력으로 운영되는 조직체로서 직원을 고용하고 어떤 공통적인 관심과 활동 혹은 목적을 공유한 일원의 사람들에게 서비스를 제공하는 협회를 말한다.

Attendance(참가자)

회의에 참가하는 개인

Audio-visual Aid

시청각 기자재

Audio-visual Equipment

시청각 기기

Auditorium Style(Theater Style)

극장식

BG(Background Music)~Bunting

BG(Background Music)

BGM이라고도 함. 배경음악

Back Drop

사진이나 TV 촬영을 위한 뒷 배경

Back Light

출연자나 대상물 뒤에서 비추는 조명

Back-wall Booth(Perimeter Booth)

외벽면에 설치하는 부스

Badge(Identifying Tag : Name Tag)

신분을 증명하는 명찰(name tag)

Baffle(조절장치)

조명·공기·음향 또는 교통흐름을 통제하는 스크린이나 칸막이

Banjo(Fabric)

Backdrops에 쓰이는 가벼운 천

Bank Maze

이동량과 등록 또는 다른 줄을 서서 기다리는 군중을 통제하는 데 설치되는 기둥과 줄을 말한다.

Banquet

연회 · 공식적이고 종종 선발된 사람들의 일원을 위한 경축적인 만찬을 말한다.

Banner

로고나 주제를 넣은 현수막이나 기

Barrier-Free

장애인의 자유로운 이동을 위하여 방해물이 없는 건물

Base

세워놓은 기둥을 지지하는 강철바닥

Bid Document

인준서류

Bone Yard

전시장 내 장비 보관지역

Booth Area

전시장을 차지하는 부스 영역

Booth Number

전시장을 쉽게 찾도록 하기 위한 부스 번호

Booth Personnel

부스 담당자

Brainstorming

모든 참가자의 아이디어를 내놓는 회의

Breakdown

회의장 · 전시장 · 회합 · 공간 등의 해체 분리

Break Out Sessions

소규모 분임회의

Buffet Service

음식(뷔페)이 마련된 곳에서 각자가 음식을 직접 가져와 자유스럽게 먹을 수 있는 서비스

Bunting

벽이나 탁자에 거는 축제용 장식으로 사용되는 깃발 또는 테이블에 장식을 하기 위해 매다는 흔들리는 천조각

Call For Papers ~ Cut-Off Date

Call For Papers

의제 신청서(학술회의 등에서의 논문발표 신청서)

Cancellation Clause

취소 조항

Canvas

외부 현수막용 천

Capacity

수용능력

Carrousel Projector

35mm 슬라이드 투사장치

Cartage

전시물의 단거리 이동

Cat-Walk

조명이나 음향장치를 매달기 위한 설치물

Ceiling Decor

전시장이나 컨벤션홀의 천장 장식

Circular

회의·행사 진행상황에 따라 발송되는 회의·행사 안내책자

CLC(Convention Liaison Council)

국제회의 연락협의체

Clearance

전시공간 정리

Colloquium

공동선정 주제에 대한 비공식 참가회의

COMP(Complimentary)

무료

Complimentary Registration

등록비의 면제

Complimentary Room(무료객실)

객실의 판매에 비례하여 요금을 부과하지 않고 제공하는 객실을 말하며, 대개 객실 50개당 1개의 무료객실을 제공한다.

Complimentary(COMP) Service

전시부스나 일부항목에 대한 무료서비스

Computerized Registration

전산등록 기록

Confirmation

확인서

Congress Bag, Conference Bag

회의 참가자에게 주는 가방으로서 가방 안에는 회의자료 및 안내책자가 들어 있다

Consignee

전시물 수취인

Consumer Show

일반에게 공개되는 전시

Contract

관련된 모든 당사자간의 책임을 규정하는 법적 계약서

Contractor

통역 및 물품조달 계약자

Convention & Visitors Bureau(CVB)

국제회의 전담 지원부서로 도시를 방문하는 여행자들을 유치하고 서비스를 제공하며, 회의기획가와 컨벤션 매니저에게 정보나 서비스를 제공하는 통상적으로 도시 혹은 지역을 대표하고 이들이 운영하는 비영리 산하조직을 말한다.

Corner Booth

모서리의 전시공간

Corkage fee

회의기획가나 회의단체 자신들이 호텔 혹은 기타 시설 내로 가지고 들어오는 식음료에 대한 서비스 요금으로 이에 대한 글라스·얼음 등의 서비스는 개최시설 부문이 제공한다. 비용은 일반적으로 상품의 서비스와 관련된 노동력의 양에 의해 결정된다.

Corporativemeeting planner(기업회의 기획가)

한 기업을 위해 고용된 개인으로 하나 혹은 주요한 책임은 해당기업에 대한 회의를 기획하는 것이다.

Count

일정기간의 전체 참가자 수 또는 일정기간의 전체 전시자 수를 의미함

Customs Broker

세관절차 처리 전문가

Cut & Lay

규격부스나 통로치수 이외의 카펫 설치

Cut-Off Date

참가자의 숙박을 위해 사용되지 않을 호텔의 객실 확보

D Dead Areas(dead space)~ Duplex Outlet

Dead Areas(Dead Space)

시청각 용어로 음향이 잘 들리지 않는 회의장 혹은 실내공간의 지역을 말한다.

Destination Manger

지역현장

Detail Drawing

시공방법을 알리는 세부 도안

Diagram

회의실 내 구조를 나타내는 도형

Dialogue

아이디어나 견해에 대한 토론

Dimmer

조명의 세기를 조정하는 조절장치

Direction Sign

방향 사인

Discussion Leader

토론의 안건 소개 및 회의를 진행하는 자

Dismantle

전시물 철거

Dispatcher

수화물 및 노동력 조달계획 담당

Display Builder

전시 상품진열 담당회사

Display Case, Showcase

진열대

Docent

박물관이나 전시장 안내요원

Dray-Age

전시물을 도착지에서 전시장으로 이동

Dress Code

행사참가자 복장안내

Dressing Room

탈의실

Dry Dun

프로그램의 리허설

Duplex Outlet

두 개짜리의 전기 콘센트

E Elevated Table ~ Exposition

Elevated Table

높이 조절 테이블

Emergency Exit(Fire Exit)

비상구

Erection

전시 및 진열장 설치

Estimate

견적서

Evaluation

회의평가서

Event Order(Function Sheet)

행사지시서로 통상적으로 호텔 혹은 컨벤션 센터의 컨벤션 서비스 매니저(SCM)가 작성하여 식음료의 필요사항, 회의장 설치, 일정 등 행사의 모든 면을 기술한다.

Exhibit Hall
전시장

Exhibit Manager
각 전시 부스 담당자 또는 전체 전시 공간 담당자

Exhibit Prospectus
전시장 참여 독려를 위한 선전 홍보물

Exhibition Contractor Fee
전시 계약비용

Exhibitor Service Kit
참가하는 모든 전시자에게 보내는 패킷·폴더, 혹은 매뉴얼로서 행사규칙과 규정, 그리고 노동자·서비스·장비의 주문서를 담고 있는 자료이다.

Exhibitor's Kit
전시업체에게 주는 전시회의 규정 및 각종 안내서

Exposition
컨벤션 혹은 산업전시회에서 참가자 단체에게 상품과 서비스를 발표할 수 있는 환경에서 상품·장비·서비스의 조달업자들이 함께 하도록 하는 행사로 Exhibition, Trade Show, Industrial Show이라고도 한다.

Facilitator~Function Space

Facilitator

소규모 회의에서의 의사결정 진행자

Fact Sheet

회의와 관련된 특정시설에 대한 설명을 담은 자료

Fascia

회사명이 쓰인 정면 간판

First-aid Room

양호실

First-Tier City

국제회의 일급도시(메머드급 이상의 대도시)

Fish-pole

질의응답에 사용되는 마이크가 달린 홀더

Fixed Cost

고정비용(회의 참가자 수에 관계없이 지출되어야 하는 비용)

Fixed Seating(Fixed Theater)

지정석

Flip-Chart

설명 차트를 한 장씩 뒤로 넘기며 회의를 진행할 수 있는 도구

Floater

단기간 고용되는 근로자

Floor Load

1 평방피트당 최대 설치무게

Floor Plan(Floor Diagram : Setup Plan)

회의장 도면

Foam Core

장식 · 전시장 공사 등에 쓰이는 스티로폴 같은 경량한 자재

Follow Spotlight

수동으로 조명 대상을 따라 이동시키는 조명장치

Forklift

지게차

Four Hour Call

노동자에게 임금을 제공하는 최소 근로시간

Freight Forwarder

화물선박

Front Screen Projection

전방화면 투사, 관중 속이나 뒤에서 전방을 향해 장면을 투사하는 것

Full Booth Coverage

부스 전체에 설치하는 카펫

Full Course Meals

정찬식사

Function Board

행사안내판

Function Space

행사장

Gain ~ Guarantee

Gain

음량의 크기 값

General Contractor

전시 매니저나 전시자에게 용역을 제공하는 회사

Give-a-Way

무료책자 · 견본 · 경품

Guarantee(보증금)

회합에서의 지불해야 할 서비스에 대한 보증금을 말한다.

Hand Truck ~ Housing Request Form

Hand Truck
소형화물 운반용 손수레

Hard-wall Booth
합판이나 석고보드 등으로 시공된 부스

Headquarters Hotel
등록 또는 총회의 회의운영 사무실 중앙본부

Headset
마이크가 장착된 헤드폰

Hertz(Hz)
1초에 한 사이즈 값의 주파수 단위

Hidden Charge
예비비를 말함

High Janker

사람을 들어올리는 장비

Hold Harmless

계약서의 책임 면책조항

Honorarium

사례비

Host Committee

회의개최 위원회

Housekeeping Announcements

행사관련 안내

Housing Bureau

컨벤션 뷰로 내의 예약사무실

Housing Request Form

숙박신청서

I&D(install and dismantle) ~ Island Booth

- **I&D(install and dismantle)**

  설치 및 철거

- **ID Sign**

  부스 간판

- **Illuminations**

  대여용 또는 장착된 조명

- **Incentive Meeting**

  장려금제 회의를 말함

- **Incentive**

  장려금

- **Inherent Flame Proof**

  방재용 기자재

Inquiry Cards

전시자를 위해서 정보를 요구하는 카드

Inside Booth

벽면과 뒷면의 전시부스를 포함한 전시공간

Installation

설치

Inventory

전체행사 준비를 위한 가구 및 집기류 재고조사

Island Booth

전시장 중앙의 독립된 형태의 연결된 부스

Keynote Speaker ~ Knock Down

Keynote Speaker

기조 연설자

Knock Down

전시현장에서 조립 설치하는 전시물

Letter of Acknowledgement ~ Lost & Found Office

- **Letter of Acknowledgement/Confirmation**
  등록접수 확인서

- **Letter of Agreement**
  상호협약서

- **Liability**
  법적 책임

- **Lift Truck(Forklift)**
  지게차

- **Lighting**
  추가 조명서비스

- **Lock-Up**
  보관구역

- **Lost & Found Office**
  분실물 취급소

M MC(EMCEE) ~ Move-Out

MC(EMCEE), Master of Ceremonies

회의 · 행사 진행자

Manual Service Kit

회의 · 행사 운영안내

Meeting Room(Function Room)

회의장

Message Board

메시지 안내판

Moderator

회의 사회자

Modular Exhibit

일부 부품의 교환이 가능한 전시물

Move-In

설치를 위한 반입일

Move-Out

철거 반출일

O Off-Site Event ~ Overhead Projector(OHP)

Off-Site Event
회의 · 행사 장소 외부의 행사

Official Contractor(General Contractor)
주계약자

On-Site Registration
현장등록

One Shot
일회용 전시물

Order Form
주문서

O.T(overtime) Labor
연장근로

Outside Exhibit

외부 전시부스

Outside Line

외부인출 전화선

Overflow

잉여 참가자

Overhead Projector(OHP)

투명장치를 통해 사용되는 장치

P

PA System ~ Public Show

PA System

한 개 이상의 여러 공간에 동시에 음성을 전달하는 장치

Package Plan

당일 참가비로 모든 서비스를 제공

Pallet

상품운반을 위한 나무로 된 단

Partition

파티션

PBX Operator

전화교환원

Peninsula Booth

두 개 이상의 부스를 연결해 다른 부분을 활용하도록 한 것

Perimeter Booth

외벽에 붙여서 설치한 부스

Perk Perquisite

정규수입 외 수당

Permanent Exhibit Space

영구 전시공간

Permanent System

상설 시스템

Pipe And Drape

독립된 전시 부스의 상·하수 배관

Place Card

좌석표시 카드

Planting

꽃 장식

Pocket Planner

작은 주머니 크기의 안내책자

Podium

연단이나 사회대

Portrait(Vertical)

세로의 길이가 월등하게 긴 팻말

Post Conference Registration

회의·행사 후 등록

Poster Board

그래픽 등을 보여주기 위한 연질판

Pre-Assigned Seating

사전예약 좌석배치

Pre-Registration

사전등록

Presenter

발표자

Press Kit

보도자료

Press Room

보도실

Priority Rating System

부스 공간배정의 우선 등급

Program Book
프로그램 안내책자

Program Design
회의·행사 프로그램 구성

Promotion
회의·행사 홍보

Property
회의·행사 시설 일체

Proposal
유치신청, 제안서

Protocol
의전

Public Show
입장료를 받는 전시

Q & A~Quad Box

Q&A(Question and Answer Period)

질의응답 시간

Quad Box

플러그가 4개짜리인 콘센트

R Rack Rate~Roving Mike

Rack Rate

객실별 공식적인 가격

Rap Sessions

특별안건이 없는 비공식 회의

Receiving Line

접객을 위한 열

Reg Area Registration Area

회의 · 장소

Reg Desk, Registration Desk

회의 · 행사 등록 데스크

Registrant

등록자

Registrator

등록접수 담당

Registration Form

등록신청서

Registration Kit

등록시 배부하는 회의 · 행사 안내자료

Rehearsal

리허설

Release Forms

전시물 철거 허가서

Return

각도로 뒷벽에 붙인 판

Rigger

무거운 자재조립 전문가

Room Setup

회의 · 행사장 장비 준비

Roving Mike

손에 휴대가 가능한 이동식 유 · 무선 마이크

Sales Meeting ~ Surcharge

Sales Meeting
신상품 소개 및 판촉회의

Schoolroom Setup(Classroom Setup)
교실형 배치

Schoolroom V Setup
V자형 교실형 배치

Scooter
전기화물 운반차

Script
프로그램 필사본

Seated Service
서비스 종사원이 고객을 위해 테이블로 음식을 직접 제공하는 것

Seating Buffet

좌석에 앉아서 음식(뷔페)을 즐기는 것

Second-Tier City

국제회의·행사 개최를 위한 위성도시·지방도시

Security Cages

전시 자재보호를 위한 보호망

Security

보안, 보안요원, 폐쇄회로 일체

Security Facility

시설보안 요원

Security Private

개인적인 보안요원

Self-Contained Exhibit

포장이나 보호장비와 함께 전시되는 물품

Service Contractor(General Contractor)

주계약자

Set-Up Drawings

설치도안

Set-Up Personnel
전시물 설치자

Setup
회의 · 행사장 준비

Setup & Turndown Time
행사 전후에 시설을 설치 또는 재배열하는 데 필요한 시간

Shell Scheme
유럽식 기준의 부스

Show Breaking
철거를 위한 전시파장 시간

Sign Cloth
현수막 · 팻말에 쓰이는 경량 자재

Sign Service
전시물 팻말 제작공급 서비스

Sign-age
회의 · 행사장 안내표지

Simultaneous Interpretation
동시통역

Site Inspection

회의장 시설답사, 현장조사

Skirting

입간판이나 탁자 장식용 보

Sound System

음량증폭을 위한 음향장치

Space Rate

전시공간 사용료

Speaker's Lounge

연설자 전용 휴게실

Special Event

특별행사

Specifications

회의물품 내역서

Speed Ball

팻말 작성에 쓰이는 펜

Spouse Programs

배우자 프로그램

Staging Guide
회의 · 행사 장비 설치안내

Stand
전시부스의 유럽식 표기

Standing Buffet
좌석 없이 서서 음식(뷔페)을 즐기는 방식

Standing Committee
상임위원회

Standing Microphone
무대 위에 고정된 마이크

State-Of-The-Art
최신 기술

Strike
전시물 철거

Subcontractor
하청 계약자

Supplier
회의 · 행사 비품 조달자

Surcharge
예상 지출비를 초과하는 비용

Table Lectern ~ Transient Space

Table Lectern

책상 위에 설치하여 연사가 원고를 놓을 수 있는 독서대

Table Microphone

착석한 연사를 위해 고정시킨 마이크

Table Top Display

탁자에 세울 수 있는 소형의 이동 전시물

Taffeta

탁자 보 또는 칸막이용 자재의 일종

Teardown(Dismantle)

철거

Teleconference

원격 통신회의

Time & Materials
용역비의 부과방식

Tow Motor Forklift
지게차

Transcription(Written Copy of Spoken Material)
연설문 복사본

Transfer
장비이동 또는 공항과 호텔간 교통이동

Transient Space
단기임대 부스

Vapor Lights ~ Venue

Vapor Lights

특수효과를 위한 조명

Variable Cost

변동비용(회의 참가자 수에 따라 변동되는 비용)

Vendor

용역 제공자

Venue

회의 · 행사 장소

Waiting Room ~ Wrap-Up

Waiting Room

대기실

Walk-In/Out Music

내 · 외빈의 입장과 퇴장시 음악

Walk-Through

회의 · 행사 사항검토 또는 회의 · 행사장 사전점검이나 현장 점검

Waste Removal

쓰레기 청소

Work Lights

무대에서의 리허설이나 작업을 위한 조명

Wrap-Up

회의정리, 최종회의 보고서 작성

제 4 장

카지노 용어

1 일반적인 용어

Bank

칩(chips)과 카드(card)를 보관 관리하는 사무실. 업장 내의 칩·카드한다. 출납을 관장하는 곳으로 게임 테이블에 칩을 Fill 또는 Credit하는 업무를 담당한다.

Buy in

게임을 하기 위해 현금으로 칩을 구매하는 것

Cage

업장 내의 현금출납을 관장하는 곳으로 종사원의 호칭을 캐셔(cashier)라고 한다. 직급별로 호칭을 달리하며, 케이지(cage)는 회계(accounting) 부서 또는 관리 부서에 속한다. 케이지에서는 손님의 귀중품도 보관한다.

Cash

현금·지폐·동전

Cash Equivalent

여행자수표, 자기앞수표, 지급보증수표, 현금등가물

Cash in

칩을 현금으로 교환하는 것

Casino Bar

카지노에 입장한 고객에게 주류 · 음료 · 식사 등을 무료로 제공하는 영업장이다.

Casino General Manager

카지노 운영의 최고책임자로서 각 고용부서와 카지노 설비의 일일운영에 대한 책임자

Casino Floor Person

Pit의 간부

Closer

교대시간 종료시 게이밍 테이블(gaming table)의 집기 일체를 목록화한 테이블 Inventory Slip의 원본을 말한다.

Credit Line

고객에 대한 신용대출 한도액

Customer Deposit

고객예치금, 게임에 사용하기 위해 일정액의 현금, 현금등가물, Gaming Chips Plague를 Cashiers Cage에 맡겨두는 것을 말한다.

Dead Card

게임에서 사용된 카드를 말한다.

Deal

고객에게 직접 카드를 나누어주는 딜러의 행위를 말한다.

Dealer

카지노 업장 내에서 이루어지는 각종 게임을 수행(conduct)하는 직원으로 게임의 종류 및 행위에 따라 호칭을 달리한다.

- Roulette : Croupier, Mucker
- Blackjack : Twenty-one Dealer
- Baccarat : Callman, Payman, Scooper
- Crap : Stickman, Boxman, Payman, Laddor-Man
- Keno : Rummer, Writer

Drop Box

현금과 필요한 Slip을 넣을 수 있도록 게이밍 테이블(gaming table)에 부착된 금속용기

Fill

칩스를 뱅크로부터 가져와 게이밍 테이블에 분배되는 Gaming Chips, Coin, Plague 등을 기록하는 데 사용하는 양식

Floorman(Pit Boss)

주임급부터 계장・대리・과장급까지 게임 테이블을 운영할 책임이 있는 간부로서 딜러(dealer)의 관리・근무배치・교육

등을 담당하고, 고객접대와 담당 테이블의 상황을 위 상사에게 보고한다.

General Manager & Assist Manager

차장 · 부장급에서 이사급까지로서 카지노 운영에 있어 전반에 걸쳐 최고의 책임자이다. 해당 부서의 인력관리, 카지노 시설관리, 일일운영에 대한 책임을 진다.

Greeter

카지노의 호스트(host). 주로 판촉부 소속으로 고객의 접대 일체를 담당하는 직원이다

High Roller

한 번에 많은 금액을 베팅하는 고객

Incompatible Function

회계관리 목적으로 특정인 또는 특정부서가 정상적인 업무수행 과정에 있어 잘못이나 또는 부정행위를 저지르거나 숨길 수 없도록 하는 기능이다.

Information(Check Room)

카지노에 입장하는 고객에게 입장권 발권 및 카지노 안내, 게임설명 및 물품보관 등의 업무를 대행한다.

Inventory

영업 칩스와 현금의 재고조사

Junket

카지노의 방침에 의해 결정된 무료서비스를 제공받을 수 있는 겜블링(gambling) 단체

Maximum Bet

베팅을 최대로 할 수 있는 한도금액

Minimum Bet

베팅을 최소로 할 수 있는 한도금액

Marker

카지노의 지정양식으로 고객의 현금 및 신용대출로 칩스로 교환할 수 있게 발급을 기록하는 것으로 외상매출금으로 처리하고 있다.

Shift Sheet

매 교대시 그에 따른 각 게임들에 대한 이득·손실을 계산·기록

Opener

각 게임 테이블마다 새 교대시간, 시작시점에 있어서 테이블 집기 일체를 목록화한 테이블의 Inventory

Payout

지급. 게임 테이블이나 슬롯 머신(slot machine)에서 고객이 윈(win)한 금액을 지급하는 것

Pit
카지노가 정한 바에 따라 게이밍 테이블의 배열로 에워싼 카지노의 영업구역으로서 그 안에서 카지노 직원이 구역 바깥 주변의 고객과 게임을 진행한다.

Regulation
카지노가 채택한 규칙

Order for fill
Fill의 준비를 승인하는 데 사용되는 서식

Returned Check
은행으로부터 반환된 부도수표

Security
보안 또는 섭외라는 명칭으로 업장 내의 안전유지 및 외부인의 통제 및 카지노 재산보호에 그 임무가 있다.

Shift
Cashier Cage Shot Machine, Table Game의 감독 또는 운영하는 종사원 그룹의 정규 근무시간을 말한다.

Shift Boss(Shift Manager)
과장급부터 차장·부장급까지로 Shift의 책임자로서 해당 Shift에 대한 일력관리, 카지노 시설 및 8시간 동안의 Pit을 운영 감독한다.

Surveillance Room

모니터 룸(monitor room)이라고 불리며 전업장을 감시·보호·녹화하여 어떤 분쟁이 발생하였을 때 자료를 제공하고, 종사원(employee), 고객(customer), 게임 테이블 등의 상황을 심사·분석할 수 있는 기능의 역할을 한다.

Vale

외상, 외상게임, 크레디트라고도 하나 통일을 하기 위해 '바레'라고 칭한다.

Vale Slip

차용증

2 블랙잭 용어

1. 블랙잭 게임(blackjack game)의 기구 용어

테이블(Table, Lay-out)

테이블에 간단하게 게임의 룰이 기록되어 있고, 또한 고객이 구획 내에서 베팅할 수 있도록 1~7까지 핸드(hand)의 표시가 프린트되어 있는 판을 말한다.

슈(Shoe)

게임에서 사용하는 셔플(shuffle)된 카드를 넣는 기구로서 이곳을 통하여 고객이나 딜러에게 카드가 배분된다.

카드(Card), 인디케이트 카드(Indicate Card)

카드는 블랙잭에서 게임을 하기 위한 도구이며, 카지노에서는 종이로 만들어진 카드를 사용한다, 인디케이트 카드는 게임이 시작되기 전 딜러가 공정하고 정확하게 셔플(shuffle)하였나를 플레이어에게 직접 카드를 커팅(cutting)시켜 확인시키는데, 이때 사용하는 플라스틱으로 만든 카드로서 여러가지 색상으로 만든다. 또한 인디케이트 카드는 딜러가 카드를 슈(shoe)에 넣기 전 마지막 끝 부분 1데크 정도가 남아 있는 분량에 인디케이트 카드를 꽂아두는데, 게임 도중 이 카드가 나오면 현재 진행되고 있는 라운드(round)까지만 진행하고 마무리시키라고 하는 용도로서 사용되는 카드이다

디스카드 홀더(Discard Holder)

플레이어 딜러에게 배분된 카드를 각 라운드가 종료된 다음 수거해놓는 곳을 말한다.

랙(Rack)

카지노에서 현금 대신 통용되는 칩을 보관하는 곳으로 테이블 중앙의 딜러 앞에 있다.

칩(Chips)

카지노에서 현금과 동일하게 사용되는 게임도구이다.

- **칩의 종류**
  블랙잭에서는 주로 머니 칩(money chips)을 사용하는데 플레이어는 게임을 하기 전 먼저 테이블에서 현금을 칩으로 교환해야 한다.
- **머니 칩(money chips)**
  칩 중앙에 금액이 표시되어 있으며 카지노 내에서는 현금과 동일하게 취급한다. 칩의 액수는 카지노마다 조금씩 차이는 있으나 보통 500원, 1,000원, 5,000원, 10,000원, 100,000원, 1,000,000원 단위의 칩을 사용한다.

2. 블랙잭 게임 용어

Arranging

카드를 손으로 매만지면서 정리하는 동작

Bank Roll

딜러 바로 앞에 보관되어 있는 카지노 머니(money)를 말한다.

Base(1st, 2nd, 3rd)

테이블에서의 플레이어의 베팅 위치를 말한다.

- First base : 딜러의 왼쪽에 위치하며 가장 먼저 카드를 받는 고객
- Second base : 딜러의 중앙에 위치한 고객
- Third base : 딜러의 오른쪽에 위치하며 마지막으로 카드를 받는 고객

Blackjack

First Two Card가 1장이 에이스(ace), 다른 1장은 10이 되어 합이 21이 될 때 블랙잭이 된다. 게임의 진행은 첫번째 베이스(1st base) 고객의 핸드(llayer's hand)부터 시계방향(clockwise)으로 시작한다. 고객은 블랙잭 규칙(rule)을 준수하여 상황에 따라 히트(hit), 스테이(stay), 페어스프릿(pair-split), 더블 다운(double down), 서랜더(surrender) 등을 딜러에게 요구할 수 있으며, 딜러는 블랙잭 게임 룰(blackjack game rule)에 의하여 게임을 진행한다.

Burst(Break)

카드의 숫자가 21이 넘어갔을 때 자동으로 패하게 된다.

Burn

플레이하는 장소에서 떠난 카드, 즉 시작할 때 한 장 또는 두 장을 뽑아서 버린다.

Card Showing

카드의 이상 유무를 손님에게 확인시키는 동작을 말한다.

Cutting

Arrange된 카드를 오른손으로 잡고 Top에서부터 3~장씩 왼손으로 뽑는 동작

Card Divide

각 Hand(한판)의 시작으로 고객에게 카드를 나누는 동작

Capping

Placing Money에 Pay off할 때 그 베트(bet)의 위에다 하는 행위

Drooping

카드를 받음과 동시에 베팅 박스(betting box)로부터 돈을 치우는 행위

Deck

카드 한 묶을 말하며, 52장이다.

Hand

한 박스에서 이루어지는 한 판을 말한다.

Hit

카드를 한 장 더 받겠다는 의사표시

Initial Card(original card)

First Two Card

One Round

한 게임이 이루어진 상태를 말한다.

Pat Hand

처음 두 장의 카드가 High Count로 나왔거나, 통상 Hit하지 않은 Hand(17, 18, 19, 20)

Past Post

카드가 나누어진 후에 베트(bet)된 금액에 더 추가시키는 것

Pinch

카드가 나누어진 후에 베트된 금액을 다시 가지고가는 행위

Press

플레이어의 주문에 의하여 베트한 금액위에 더 추가시키는 행위

Prove a Hand

손님의 Order한 사실을 대조·증명하기 위해 바로 앞전의 Hand를 복원시키는 것

Stacking(boxing)

묶음으로 만드는 동작

Shuffle

카드를 섞기 위해 양손으로 잡고 One by One으로 섞이도록 하는 동작

Scratch

Hit를 요구하는 행위

Shoe

카드를 통에 넣고 사용할 수 있게 한 장치

Stand(stay)

카드를 더 받지 않기로 결정하는 것

Stand off

플레이어와 딜러가 똑 같은 숫자를가져 누구도 윈(win)하기 못하는 것(push/tie hand)

Sweeten a Bet

카드가 나누어지기 전에 정당하게 금액을 추가한 베팅

Tode(Tips)

감사하는 마음으로 딜러에게 주는 팁의 일종

Washing

카드의 뒷면이 보이도록 카드가 섞이도록 휘젓는 동작

3 룰렛 용어

1. 룰렛(Roulette) 게임의 기구 용어

Ball(볼)

휠 트랙에 대고 돌려 홀에 떨어지게 하는 상아 또는 플라스틱으로 만든 작은 공으로서 룰렛 테이블에는 항상 2개의 볼을 배치하여 상황에 따라 피트 보스(pit boss)의 사인에 의해 볼을 바꾸어 사용하기도 한다.

Ball Controller(볼 컨트롤러)

룰렛에서 볼을 취급하는 딜러를 의미한다

Chips(칩)

카지노 내에서 현금과 동일한 것으로 게임운영을 하기 위한 도구이다. 특히 룰렛 게임의 경우 플레이어는 게임에서 플레이 칩 또는 비정액 칩(none value chips)으로 사용하고, 이것을 현금화할 경우 테이블에서 머니 칩(money chips)으로 교환한 다음 케이지(cage)에서 현금과 교환한다. 룰렛 게임은 카지노 영업장에서 칩과 색깔이나 디자인이 유사한 칩,

같은 테이블에서 다른 고객이 사용하는 것과 같은 동일한 색깔의 칩을 가지고 게임을 할 수 없다.

Hole(홀)

볼이 회전이 끝나면 당첨번호를 알아볼 수 있도록 휠 안쪽에 있는 번호 밑에 만들어놓은 볼 낙착구역을 말한다.

Lay-Out(레이아웃)

플레이어가 베팅을 할 수 있도록 휠과 같이 동일한 번호를 프린트한 테이블 커버를 말한다.

Money Chips(머니 칩)

칩 중앙에 금액이 표시되어 있는 칩으로서 카지노마다 다양한 종류의 칩이 있다

None Value Chips(비정액 칩)

카지노에서 임의로 만들어 임의의 가격으로 사용하는 칩이다.

Pin(핀)

회전이 끝난 볼이 홀에 들어갈 때 고객이 예측할 수 없는 번호에 들어가게 하기 위하여 휠 안쪽에 장착해놓은 조그마한 쇠를 말한다.

Play Chips(플레이 칩)

룰렛 게임에서 사용하는 베팅용 칩으로 플레이어를 구분하기 위하여 보통 6~7개의 색깔로 구분되어 있다. 1개당 밸

류(value)는 카지노마다 약간의 차이가 있는데 보통 2,000 원~2,500 원 정도이다

Wheel(휠)

0과 00 그리고 1~36까지의 번호가 기록되어 있는 둥근 원형 판이다.

Wheel Track(휠 트랙)

딜러가 휠 앞에서 볼을 대고 회전시키는 부분으로서 볼이 원심력에 의해서 돌아가는 부분이다

2. 룰렛 게임 용어

Apron

딜러가 칩스를 Sweeping한 다음 Chipping하는 장소 또는 Helper가 있는 곳을 말한다.

Arranging

금액 및 Setting Stack의 컬러별 정리, Pay off

Drag

Pay할 때 한 Stack에서 필요하지 않는 수량의 개수를 위에서 떼어놓는 동작이다.

Layout

플레이어가 베팅을 할 수 있는 판을 말한다.

Marking

플라스틱 또는 금속으로 된 마커(marker)로 표시하는 동작

Matching(Cutting)

같은 유닛(unit)별로 자르는 동작(3개, 4개, 5개)

Mucking

칩스를 양손으로 집어 올려 손에 20개를 잡을 수 있도록(picking)하는 동작

Obscut Bet

분명하지 않게 놓여진 베트(bet)

Pushing

칩을 랙에서 꺼내어 세트(set)하여 플레이어에게 밀어주는 동작

Push off Bet

Ball이 떨어진 상황에서 베트(bet)를 하거나 아직 Pay가 끝나지 않아 Maker를 Take off하지 않은 상황에서의 베트(bet)

Stacking

흐트러진 칩을 세우는 동작

Tidy Bet

어수선하다고 느껴져 딜러가 인위적으로 단정하게 만든 것

4 바카라 게임 용어

1. 바카라 게임(Baccarat game)의 기구 용어

Card(카드) · Indicate Card(인디케이트)

카드는 바카라 게임에서 게임을 진행하기 위한 도구이며, 인디케이트 카드(indicate card)는 게임이 시작되기 전 딜러가 공정하고 정확하게 카드를 셔플(shuffle)하였는지 직접 플레이어에게 커팅(cutting)시켜 확인할 때 사용하는 것으로서 플라스틱으로 만들어진 카드이다. 또한 딜러는 카드를 슈(shoe)에 넣기 전 셔플(shuffle)된 카드의 끝 부분 1데크 정도 남아 있는 분량에 인디케이트 카드를 꽂아두는데, 게임 중이 인디케이트 카드가 나오면 현재 진행중인 라운드까지만 진행하고 마무리시키라고 하는 용도로서 사용되는 카드이다. 이때 타이(tie)일 경우 1회 더 게임을 진행시킨다. 미니 바카라의 경우 카드 핸들링(handling)을 딜러가 하기 때문에 사용한 카드는 다시 사용하지 않는다.

Chips(칩)

카지노에서 현금과 동일하게 사용되는 게임기구이다.

Discard Box(디스카드 박스) · Discard Holder(디스카드 홀더)

플레이어(player)나 뱅커(banker)에게 분배된 카드를 각 라운드가 종료된 후 수거해놓은 박스(box)이다. 미니 바카라의 경우 카드를 딜러가 핸들링(handling)하기 때문에 라운드가 종료되면 카드를 수거하여 디스카드 홀더에 넣고, 미디 · 메인 바카라의 경우 카드를 플레이어가 핸들링하기 때문에 라운드가 종료되면 카드를 디스카드 박스에 넣어 처리하며 된다.

Marker(마커)

플라스틱 또는 금속으로 만든 표시기구로 테이블에서 배팅을 가장 많이 한 플레이어의 번호에 마킹(marking)해놓고 그 플레이어로 하여금 카드를 핸들링(handling)하도록 하는 표시기구이다. 플레이어의 마커(marker)는 파랑색으로 되어 있으며, 뱅커(banker)의 마커(marker)는 빨강색으로 되어 있다.

Rack(렉)

카지노에서 현금 대신 통용되는 칩을 보관하는 장소로, 테이블 중앙 페이 맨(pay man)의 앞에 위치해 있다.

Scoop(스쿠프)

게임 진행중 딜러가 카드를 손으로 취급하지 않고 카드를 떠서 플레이어에게 운반해주는 도구이다.

Shoe(슈)

게임에서 사용하는 셔플(shuffle)된 카드를 넣는 기구로서 이곳을 통하여 플레이어(player) 측과 뱅커(banker) 측에 카드가 분배된다.

Table, Lay-out(테이블)

바카라에는 3가지 종류의 게임 테이블이 있는데 이것들은 전부 각각 다른 레이아웃을 가지고 있다. 테이블에는 플레이어(player) 측, 뱅커(banker) 측, 그리고 타이 핸드(tie hand)가 그려져 있으며, 또한 구획 내에 베팅할 수 있도록 1~6까지의 핸드(hand)가 양쪽에 프린트되어 있다.

2. 바카라 게임 용어

Baccarat

카드 3장의 합이 Zero(0)를 뜻함

Scoop

손이 미치는 곳보다 먼 곳에 카드를 보내거나 회수를 하는 데 사용하는 용구

Scooper

스쿠프(scoop)를 사용하여 딜링(dealing)하는 사람

Pay-Man

Money 및 Chips를 다루는 사람

Squeeze

손님이 카드를 Open하는 행위

Natural

두 Hand 중 어느 한쪽이 8 또는 9일 경우

부 록

부록 I ICAO Phonetic Alphabet Code

Letter	Phonetic Alphabet	Letter	Phonetic Alphabet
A	ALPHA	N	NOVEMBER
B	BRAVO	O	OSCAR
C	CHARLIE	P	PAPA
D	DELTA	Q	QUEBEC
E	ECHO	R	ROMEO
F	FATHER	S	SMILE
G	GOLF	T	TANGO
H	HOTEL	U	UNIFORM
I	INDIA	V	VICTORY
J	JULIET	W	WHISKY
K	KILO	X	X-RAY
L	LIMA	Y	YANKEE
M	MIKE	Z	ZULU

부록 Ⅱ 인천국제공항 취항항공사 연락처

항 공 사 명		대표 연락처	공항 연락처	체크인 카운터
	가루다인도네시아항공	02-773-2092~5	032-744-1990	J
	네덜란드항공	02-2011-5500	032-744-6700~1	C
	노스웨스트항공	02-732-1700	032-744-6300	H
	달라비아항공	02-3788-0222	032-743-2620	
	대한항공	1588-2001	032-742-7654	D, E, F
	라이언항공	02-732-2662,3398	032-744-3390	H
	로열크메르항공	02-2652-3361	02-2652-3361	G
	루프트한자항공	02-3420-0411~3	032-744-3400	
	말레이시아항공	02-753-6241	032-744-3501	G
	몽골항공	02-756-9761	032-744-6800	G
	미국남부화물항공	02-706-3537		
	베트남항공	02-757-8920	032-744-6565~6	G
	블라디보스토크항공	02-733-2920~2		G
	사할린항공	02-753-7131		
	산동항공	02-775-2691		C
	상하이항공	02-774-8800		J
	세부퍼시픽항공	02-3708-8585~90	032-743-5393~4	
	스카이마크항공	02-2652-3362		
	시베리아항공	02-3455-1234,5		H

심천항공	02-766-9933	032-746-0118	G
싱가포르항공	02-755-1226	032-744-6500~2	
아비알NV	02-318-5731		
아시아나항공	1588-8000	032-744-2132~3	C, D
아에로플로트항공		032-744-8672~3	H
아틀라스항공		032-743-5220,3	
에미레이트항공	02-779-6988	032-743-8101	H
에바항공	02-756-0015	032-744-3512	H
에어 마카오	02-3455-9900	032-7433-114	
에어 아스타나	02-3788-0184	032-743-2620	G
에어 인디아	02-752-5439	032-743-5439	H, K
에어 캐나다	02-3788-0100	032-744-0898~9	
에어 파라다이스	02-771-8300	032-743-1015	G
에어 프랑스	02-3788-0440	032-744-4900~1	D
에어 홍콩	02)311-2710	032)744-6766	
오리엔트타이항공	02-7767-200	032-743-1014	G, H
우즈베키스탄항공	02-722-6856		
원동항공	02-737-1534		
유나이티드항공	02-757-1691~7	032-744-6666	
유니항공	02-2652-3364		
유피에스항공	02-3661-9000	032-744-3100/3121	
이란항공	02-319-4555	032-744-3720	H
이스라엘항공	02-3142-6066		

	이스트라인항공	02-2263-0016		
JAL JAPAN AIRLINES	일본항공	02-3788-5710	032-744-3601~3	
NCA	일본화물항공	02-752-1170	032-744-3224~5	
ANA	전일본공수	02-752-5500	032-744-3200	
	제미나이항공	032-744-3245		
	중국국제항공	02-774-6886	032-744-3255~8	H
	중국남방항공	02-775-9070, 1588-9503	032-744-3270	G, H
	중국동방항공	02-518-0330	032-744-3786	H
	중국샤먼항공	02-3455-1666		H
	중국해남항공	02-779-0600		H
CHINA AIRLINES	중화항공	02-317-8888/8720	032-743-1513~4	G
	카고룩스항공	02-2663-8200	032-744-3711~3	
	카타르항공	02-3708-8533	032-744-3370~72	
KALITTA AIR	칼리타항공	02-775-2333~4	032-744-0888	
	캐세이퍼시픽항공	02-311-2800	032-744-6777	
	크라스노야르스크항공	02-777-6399		
K9	크릴로항공	02-2263-0016		
	타이스카이항공	02-730-1900		J
	타이항공	02-3707-0011	032-744-3571	K
	터키항공	02-757-0280	032-744-3737	C
	트레이드윈즈항공	02-3663-0174	032-744-3245	
FedEx.	페더럴익스프레스	02-732-1368	032-744-6100	
	폴라에어카고		032-744-4215	
PHUKET AIR	푸켓항공	02-761-0947		C
	필리핀항공	02-774-0088	032-744-3720~3	H

부록 Ⅲ 재외공관 연락전화번호

공관명	전화번호
주 가나공화국 대사관	(233-21) 77-6157, 7533
주 가봉공화국 대사관	(241)73-4000, 4186, 1610
주 과테말라공화국 대사관	(502) 2382-4051～55
주 그리스공화국 대사관	(30-210) 698-4080/2
주 나고야 총영사관	(81-52) 586-9221/3
주 나이지리아 대사관	(234-1) 261-5353, 5420,(직통) 261-7262
주 남아프리카공화국 대사관	(27-12) 460-2508
주 네덜란드왕국 대사관	(31-70) 358-6076
주 네팔왕국 대사관	(977-1) 4270172, 4270417, 4277391
주 노르웨이왕국 대사관	(47) 2254-7090
주 뉴욕 총영사관	(1-646) 674-6000
주 뉴질랜드대사관	(64-4) 473-9073/4
주 니가타 총영사관	(81-25) 255-5555, 5550(공관장 직통전화), 5609
주 덴마크왕국 대사관	(45) 3946-0400
주 도미니카공화국 대사관	(1-809) 532-4314/5, 534-8320
주 독일연방공화국 대사관	(49-30) 26065-0
주 라오인민민주공화국 대사관	(856) 21-352-031/3
주 라스팔마스 분관	(34-928) 23-0499, 0699
주 러시아대사관	(7-495) 783-2727
주 레바논공화국 대사관	(961-5) 953167～9
주 루마니아 대사관	(40-21) 230-7198
주 로스앤젤레스 총영사관	(1-213) 385-9300

주 리비아공화국 대사관	(218-21) 483-1322/3
주 말레이시아 대사관	(60-3) 4251-2336, 5797, 4891, 4904
주 모로코왕국 대사관	(212-37) 75-1767, 6791, 6726, 1966
주 몬트리올 총영사관	(1-514) 845-2555
주 몽골 대사관	(976-11) 32-1548
주 뭄바이 총영사관	(91-22) 2388-6743-5,(MP)(91) 98200-48717
주 멕시코합중국 대사관	(52-55) 5202-9866, 7160
주 미합중국 대사관	(1-202) 939-5600/3
주 미얀마연방 대사관	(95-1) 527-142/4, 515-190
주 방글라데시 대사관	(880-2) 881-2088/90, 2041
주 보스턴 총영사관	(1-617) 641-2830
주 본 분관	(49-228) 943790
주 밴쿠버 총영사관	(1-604) 681-9581
주 베네수엘라공화국 대사관	(58-212) 954-1270, 1139, 1006
주 베트남 대사관	(84-4) 831-5110/6
주 벨기에왕국 대사관	(32-2) 675-5777
주 불가리아공화국 대사관	(359-2) 971-2181
주 브라질연방공화국 대사관	(55-61) 3321-2500
주 브루나이 대사관	(673) 2330248, 24330249, 2330250
주 블라디보스토크 총영사관	(7-4232) 40-2222, 2775, 0130, 2779, 0615, 0316
주 사우디아라비아왕국 대사관	(966-1) 488-2211
주 상트페테르부르그 총영사관	(7-812) 312-1048
주 상파울루 총영사관	(55-11) 3141-1278
주 상하이 총영사관	(86-21) 6295-5000
주 삿포로 총영사관	(81-11) 621-0288/9
주 선양 총영사관	(86-24) 2385-3388

주 샌프란시스코 총영사관	(1-415) 921-2251/3
주 세네갈공화국 대사관	(221) 821-8658 / 822-5822
주 세르비아·몬테네그로대사관	(381-11) 3674-225
주 센다이 총영사관	(81-22) 221-2751/3
주 수단공화국 대사관	(249) 1-8323-9170/3
주 스리랑카공화국 대사관	(94-11) 2699036 /8, 2699180
주 스웨덴왕국 대사관	(46-8) 5458-9400
주 스위스연방 대사관	(41-31) 356-2444
주 스페인왕국 대사관	(34-91) 353-2000
주 슬로바키아공화국 대사관	(421) 2-5478-8424,(421) 903-740-437(휴대전화)
주 시드니 총영사관	(61-2) 9210-0200, 0201
주 시애틀 총영사관	(1-206) 441-1011/4
주 시카고 총영사관	(1-312) 822-9485
주 싱가포르대사관	(65) 6256-1188
주 아랍에미리트연합국 대사관	(971-2) 443-5337
주 아르헨티나 대사관	(54-11) 4802-8062 / 8865 / 9665
주 아일랜드 대사관	(353-1) 660-8800, 8053, 668-2109
주 아제르바이잔공화국 대사관	(994-12) 413-5144, 413-5518(외교통신)
주 아프가니스탄회교국 대사관	(93-20) 210-2481,(873-76) 272-8479
주 알제리 대사관	(213) 21 79 3400/01/02
주 애틀랜타 총영사관	(1-404) 522-1611/3
주 에콰도르공화국 대사관	(593-2) 2970-625～8
주 엘살바도르공화국 대사관	(503) 2263-9145
주 영국대사관	(44-20) 7227-5500/2
주 오사카 총영사관	(81-6) 6213-1401/5
주 오만왕국 대사관	(968) 2469-1490

주 오스트리아공화국대사관	(43-1) 478-1991
주 오클랜드 분관	(64-9) 379-0818, 0460
주 요르단왕국 대사관	(962-6) 593-0745/6
주 요코하마 총영사관	(81-45) 621-4531/2
주 우루과이동방공화국 대사관	(598-2) 628-9374~5
주 우즈베키스탄공화국 대사관	(998-71) 152-3151/3, 4001, 6501
주 이라크공화국 대사관	1-914-360-5108
주 자메이카대사관	(1-876) 924-2731, 4198
주 중화인민공화국 대사관	(86-10) 6532-0290
주 짐바브웨공화국 대사관	(263-4) 756541/3
주 청뚜 총영사관	(86-28) 8616-5800
주 체코공화국 대사관	(420) 234-090-411
주 칠레공화국 대사관	(56-2) 228-4214
주 칭다오 총영사관	(86-532) 8897-6001, 6004(민원실)6007
주 카라치 분관	(92-21)585-3950/1, 3426/7
주 카자흐스탄공화국 대사관	(7-3272) 53-2660, 2691
주 카타르 대사관	(974) 4832238/9, 4837611
주 캄보디아왕국 대사관	(855-23) 211-900/3
주 캐나다 대사관	(1-613) 244-5010
주 케냐공화국 대사관	(254-20) 220000
주 크로아티아공화국 대사관	(385-1) 482-1282
주 광저우 총영사관	(86-20) 3887-0555
주 코스타리카공화국 대사관	(506) 220-3141, 3159, 3160, 3166
주 코트디부아르공화국 대사관	(225) 2248-6701, 6703, 6665
주 콜롬비아공화국 대사관	(57-1) 616-7200, 8149, 8872
주 콩고민주공화국 대사관	(243) 819820302

주 쿠웨이트 대사관	(965) 533-9601/3
주 타이페이 대표부	(886-2) 2758-8320/5
주 타이왕국 대사관	(66-2) 247-7537/39
주 탄자니아연방공화국 대사관	(255-22) 266-7539, 7540, 8788, 9059(직통전화)
주 터키공화국 대사관	(90-312) 468-4822
주 토론토 총영사관	(1-416) 920-3809
주 튀니지공화국 대사관	(216-71) 799-905, 893-060, 783-231
주 파나마공화국 대사관	(507) 264-8203, 8360, 269-2257
주 파라과이공화국 대사관	(595-21) 605-606, 401, 419
주 파키스탄회교공화국 대사관	(92-51) 227-9380～1, 227-9385～7
주 파푸아뉴기니 대사관	(675) 321-5822, 5823
주 페루공화국 대사관	(51-1) 476-0815, 0861, 0874, 225-0772
주 포르투갈공화국 대사관	(351-21) 793-7200/3
주 폴란드공화국 대사관	(48-22) 559-2900
주 프랑스공화국 대사관	(33-1) 4753-0101
주 프랑크푸르트 총영사관	(49-69) 9567520
주 피지 대사관	(679) 330-0977, 0683, 0709
주 핀란드공화국 대사관	(358-9) 251-5000
주 필리핀공화국 대사관	(63-2) 811-6139 /44
주 헝가리공화국 대사관	(36-1) 351-1179～81
주 호놀룰루 총영사관	(1-808) 595-6109, 6274
주 호치민 총영사관	(84-8) 822-5757, 5836, 824-3308, 3310
주 홍콩 총영사관	(852) 2529-4141
주 후쿠오카 총영사관	(81-92) 771-0461～3
주 휴스턴 총영사관	(1-713) 961-0186(대표)
주 히로시마 총영사관	(81-82) 502-1151/2

부록 IV 세계 각국의 기후정보

주	국명	중요 도시	평균기온 강수량	1월	2월	3월	4월	5월	6월	7월	8월	9월	10월	11월	12월
아시아	일본	도쿄	평균기온	4.7	5.4	8.4	13.9	18.4	21.5	25.2	26.7	22.9	17.3	12.3	7.4
			강수량	54	63	102	128	148	181	125	137	193	181	93	56
	중국	베이징	평균기온	-2.0	1.6	8.4	16.1	21.1	24.8	25.7	25.1	19.3	13.8	4.6	-0.2
			강수량	3.0	7.4	8.7	19.4	33.1	77.9	193	212	57.1	24.1	6.7	2.6
	대만	타이베이	평균기온	14.8	15.5	17.8	21.3	24.9	26.9	28.6	28.6	27.0	23.4	20.7	17.3
			강수량	95.6	134	148	127	182	245	256	238	303	109	84.2	75.8
	필리핀	마닐라	평균기온	23.5	26.0	27.4	28.9	29.4	28.4	27.7	27.3	27.5	27.2	26.5	25.7
			강수량	14.3	5.0	6.6	14.8	122	250	344	435	317	191	127	60.2
	태국	방콕	평균기온	28.0	28.1	28.8	31.5	30.9	29.1	29.2	29.1	28.7	28.2	27.6	25.6
			강수량	9.9	26.3	22.5	62.5	182	158	173	198	332	221	47.9	10.6
	말레이시아	콸라룸프르	평균기온	26.1	26.5	26.8	26.8	27.2	26.9	26.5	26.4	26.3	26.2	26.1	25.9
			강수량	168	157	223	281	205	132	130	142	185	269	278	230
	싱가포르	싱가포르	평균기온	25.6	26.1	26.6	27.0	27.3	27.2	26.9	26.8	26.7	26.6	26.1	25.6
			강수량	119	170	162	159	149	159	152	164	151	189	248	313
	인도	뉴델리	평균기온	13.3	16.2	22.1	27.3	33.1	32.9	32.0	30.3	29.6	26.5	20.5	14.7
			강수량	19.7	14.7	16.1	6.6	16.9	56.7	235	248	126	35.4	4.9	7.5
	인도네시아	자카르타	평균기온	26.2	26.3	26.9	27.5	27.6	27.2	26.8	27.0	27.4	27.6	27.3	26.8
			강수량	458	265	234	121	100	91.8	66.3	78.1	67.6	88.3	116	185
	네팔	카투만두	평균기온	9.7	12.8	16.6	20.4	23.1	24.0	23.9	24.0	23.2	19.9	15.0	11.2
			강수량	14.4	10.3	36.2	34.1	100	206	390	344	183	38.0	4.1	1.0
	스리랑카	콜롬보	평균기온	26.5	26.7	27.4	27.9	28.0	27.8	27.4	27.5	27.3	26.8	26.5	26.4
			강수량	72.9	88.9	120	286	392	182	156	95.2	211	405	323	196
	터키	이스탄불	평균기온	5.6	6.1	7.2	11.5	16.4	20.9	23.2	23.2	19.6	15.4	11.8	8.1
			강수량	99.5	74.6	69.9	46.9	31.2	21.0	20.7	34.9	44.9	62.4	84.8	115
	홍콩	홍콩	평균기온	15.6	15.9	18.4	22.1	26.0	27.3	28.6	28.2	27.5	25.0	21.3	17.6
			강수량	27.0	41.8	54.8	140	304	432	316	413	321	121	34.5	23.7

오세아니아	호주	시드니	평균기온	23.3	22.4	21.5	18.9	15.6	13.4	12.4	13.4	15.3	17.7	19.6	21.5
			강수량	130	146	168	83	101	143	63.2	90.8	62.4	95.3	79.4	93.3
	뉴질랜드	오클랜드	평균기온	19.2	19.5	18.7	16.3	13.6	11.4	10.6	11.5	12.7	14.1	15.9	17.7
			강수량	66.4	81.7	76.0	99.7	97.5	125	118	107	101	70.8	86.7	86.7
	피지	나디	평균기온	26.6	26.6	26.3	25.7	24.6	23.8	23.0	23.2	24.0	24.8	25.6	26.2
			강수량	314	293	367	172	83.7	77.9	51.9	58.1	92.9	96.9	136	168
	타이티	파페테	평균기온	27.4	27.7	28.0	28.0	27.5	26.8	26.2	25.9	26.2	26.5	26.9	27.3
			강수량	250	166	116	139	93.4	116	87.7	78.0	82.3	125	187	182
	괌	괌	평균기온	25.1	25.2	25.4	26.1	26.5	26.6	26.2	26.2	26.2	26.2	26.2	25.8
			강수량	145	122	116	129	194	159	277	364	378	332	234	154
	사이판	사이판	평균기온	연간 평균 27도											
			강수량	7~8월의 우기에 약 300mm											
	하와이	호놀룰루	평균기온	22.5	22.5	23.1	23.8	24.8	25.7	26.3	26.8	26.6	25.9	24.7	23.7
			강수량	96.0	70.8	91.4	41.0	36.6	15.0	15.9	17.7	17.1	51.2	83.3	89.5
아메리카	미국	샌프란시스코	평균기온	9.2	10.9	11.5	12.7	14.3	15.9	16.8	17.2	17.7	15.9	12.5	9.6
			강수량	118	84.8	67.1	38.7	8.0	3.5	10.2	2.0	6.3	33.1	64.2	90.1
		LA	평균기온	13.8	14.4	15.0	16.1	17.5	16.0	21.0	22.4	21.6	19.5	16.6	14.3
			강수량	53.7	36.9	43.5	19.7	6.5	1.9	0.3	3.7	5.6	9.3	28.0	117
		뉴욕	평균기온	0.0	0.7	4.9	11.0	16.5	21.7	24.7	24.0	20.2	14.2	8.4	2.3
			강수량	73.0	72.0	98.5	89.4	85.1	80.2	90.4	100	83.8	78.4	93.3	89.3
	캐나다	밴쿠버	평균기온	2.5	4.6	5.8	8.8	12.2	15.0	17.3	17.1	14.2	10.0	5.9	3.9
			강수량	154	115	101	59.8	51.6	45.3	33.1	41.0	67.2	114	150	182
	멕시코	맥시코시티	평균기온	19.1	20.4	22.0	24.6	26.5	27.7	27.5	28.3	26.9	25.4	22.1	19.6
			강수량	11.1	16.8	12.7	27.3	34.7	120	173	95.8	108	115	69	57.7
	브라질	리우데자네이루	평균기온	26.4	26.5	25.9	24.3	22.6	21.6	21.3	21.8	22.2	22.9	23.7	25.2
			강수량	151	148	153	118	87.0	42.0	47.2	51.1	52.0	86.6	107	136
	아르헨티나	부에노스아이레스	평균기온	22.9	21.7	18.8	14.4	11.1	7.8	7.8	9.0	11.2	14.3	18.2	21.0
			강수량	143	92.4	109	87.7	86.3	75.4	79.1	75.2	73.9	96.8	103	75.7
유럽	영국	런던	평균기온	3.6	4.1	5.6	7.9	11.1	14.3	16.1	15.9	13.7	10.7	6.4	4.4
			강수량	75.6	52.9	57.3	56.2	56.2	58.8	48.9	56.7	75.0	61.6	82.6	77.3
	프랑스	파리	평균기온	3.3	4.0	6.6	9.6	13.3	16.4	18.2	19.1	16.3	13.5	5.8	4.6
			강수량	50.4	47.3	44.6	35.7	55.0	56.3	50.6	57.6	49.4	47.0	54.8	50.6
	이탈리아	로마	평균기온	7.9	8.8	10.5	13.2	17.2	21.2	23.6	23.8	20.9	16.3	12.2	9.0
			강수량	76.1	69.6	65.1	53.5	44.0	25.8	16.3	30.4	72.5	86.3	104	90.8

유럽	독일	베를린	평균기온	0.4	0.6	3.3	7.1	11.8	15.5	16.6	16.3	13.4	13.5	5.8	4.6
			강수량	55.6	40.2	43.5	46.9	54.5	69.9	86.7	83.9	68.1	47.0	54.8	50.6
	스위스	취히리	평균기온	-0.5	0.9	4.5	8.1	12.4	15.5	17.4	16.7	13.9	9.0	3.9	0.6
			강수량	70.8	79.8	68.5	91.4	102	134	130	142	90.4	72.0	79.8	75.1
	오스트리아	비엔나	평균기온	-0.8	1.1	4.9	10.0	14.5	18.1	19.7	19.0	15.3	9.9	4.9	1.1
			강수량	36.8	38.4	45.8	53.7	58.5	79.2	73.3	60.9	37.2	44.1	49.6	44.8
	벨기에	브뤼셀	평균기온	2.5	2.5	5.5	8.5	13.0	16.0	17.5	17.0	19.5	10.5	5.0	3.5
			강수량	76.0	51.0	51.0	76.0	76.0	76.0	102	76.0	76.0	76.0	76.0	76.0
	네덜란드	암스테르담	평균기온	2.0	2.3	4.8	8.0	12.1	15.2	16.5	16.5	14.0	10.3	5.8	3.2
			강수량	65.7	49.6	50.8	52.1	55.5	68.2	80.8	88.8	65.8	67.1	76.8	77.5
	덴마크	코펜하겐	평균기온	5.5	5.1	6.1	7.5	13.5	16.8	18.6	16.5	14.8	10.8	5.2	2.7
			강수량	51.0	38.7	32.4	47.0	43.0	48.7	74.3	71.0	61.1	37.4	60.5	57.6
	그리스	아테네	평균기온	9.4	10.1	11.6	15.1	20.1	24.6	27.1	27.1	23.3	18.3	14.5	11.2
			강수량	52.9	43.0	38.2	27.7	23.7	8.9	3.6	6.5	16.5	53.3	45.3	62.9
	스페인	마드리드	평균기온	6.7	8.7	12.6	11.0	18.4	22.2	26.7	26.0	19.8	16.6	12.0	9.5
			강수량	50.0	47.2	41.0	47.4	42.9	30.1	10.5	12.2	33.7	35.9	56.0	52.0
	포르투갈	리스본	평균기온	11.3	12.0	13.4	15.2	17.6	20.0	22.2	22.5	21.3	18.3	14.3	11.6
			강수량	123	108	92.7	58.0	45.0	21.2	3.8	7.0	28.9	52.0	98.3	106
	핀란드	헬싱키	평균기온	-0.2	0.5	1.5	5.5	11.1	16.1	17.4	14.3	11.4	5.3	0.5	-5.0
			강수량	44.4	33.8	30.5	40.8	33.4	41.5	71.9	74.7	69.1	66.7	67.5	56.2
	스웨덴	스톡홀롬	평균기온	32	2.6	3.0	5.5	11.9	16.1	17.6	15.5	12.6	8.0	1.8	-2.7
			강수량	38.6	26.2	22.6	30.9	30.1	47.4	71.3	71.7	49.6	52.3	51.2	45.4
	노르웨이	오슬로	평균기온	-7.5	-7.8	-2.7	2.7	9.0	14.0	15.2	13.9	9.4	4.4	-1.4	-5.1
			강수량	58.1	47.0	40.3	48.8	61.6	73.5	92.3	98.3	92.2	93.1	92.4	68.4
	러시아	모스크바	평균기온	-2.1	-0.5	2.0	7.7	13.4	20.1	19.2	16.2	12.2	5.3	-2.6	-5.3
			강수량	44.4	37.5	37.0	37.9	66.0	68.3	84.8	74.5	65.3	19.2	16.2	12.2
	체코	프라하	평균기온	-1.9	-0.9	2.8	7.6	12.3	16.2	17.5	17.0	13.3	8.1	2.9	0.2
			강수량	21.3	20.5	26.8	36.0	73.6	78.6	71.8	65.9	39.9	37.6	24.5	27.2
	헝가리	부다페스트	평균기온	-0.5	1.8	6.2	11.8	16.6	20.3	21.7	21.1	17.0	11.4	6.0	1.7
			강수량	41.3	39.5	33.7	43.0	58.6	77.2	50.7	59.1	43.3	44.3	63.3	50.9
	유고	베오그라드	평균기온	0.4	2.6	6.8	11.9	16.8	20.4	21.8	21.3	17.5	12.3	7.2	2.6
			강수량	48.7	48.2	44.8	55.5	79.3	97.5	71.8	54.1	53.7	48.6	54.8	60.3
	폴란드	바르샤바	평균기온	-3.3	-2.5	1.3	7.5	13.0	17.0	18.1	17.4	13.2	8.2	3.3	-0.7
			강수량	23.3	24.5	23.7	33.7	52.3	64.2	76.3	55.5	41.2	39.4	39.8	32.1

유럽	불가리아	소피아	평균기온	0.1	0.5	3.6	9.9	14.8	18.3	20.3	20.6	51.6	10.2	5.2	1.9
			강수량	50.5	35.6	43.8	68.8	66.4	96.1	61.6	36.4	53.1	52.5	54.1	34.8
	루마니아	부카레스트	평균기온	-1.6	0.3	4.7	11.6	16.9	20.6	22.4	21.9	17.5	11.6	5.8	0.9
			강수량	43.8	39.0	35.4	47.9	78.4	78.4	64.6	55.2	47.2	45.1	49.4	42.1
아프리카	이집트	카이로	평균기온	13.5	15.2	17.8	21.4	24.7	27.4	27.9	27.9	26.3	23.9	19.3	15.2
			강수량	5.0	3.7	2.9	1.5	0.4	0.2	0.0	0.0	0.0.	0.7	3.3	1.5
	모로코	카사블랑카	평균기온	12.7	13.2	14.6	15.7	18.1	20.3	22.2	22.4	21.5	19.3	15.9	12.9
			강수량	71.3	77.7	68.5	35.9	16.8	8.5	0.2	0.7	5.5	34.6	70.6	109
	남아프리카	케이프타운	평균기온	20.4	20.2	19.1	16.6	14.1	12.6	11.8	12.2	13.6	15.4	17.8	19.4
			강수량	11.2	15.7	14.2	46.6	77.7	94.2	75.9	80.5	37.0	34.5	18.7	16.4

관광실무용어

1판 2쇄 발행 2013년 1월 10일

저 자 이호길 · 이현동
발행인 남 승 우

발행처 **남두도서**
서울시 동작구 사당로9가길 6(사당동 220-43)
TEL : (02) 595-1692~4
FAX : (02) 595-1394
E-mail : namdoo6@unitel.co.kr
신고 : 5-76호 (1998. 11. 4)

정가 20,000 원

ISBN 978-89-5780-097-3 93980